Snacks

Natürlich und gesund

W0078742

INHALT

EINLEITUNG

Auch wenn wir es gern anders hätten: Fürs Essen haben wir manchmal nicht viel Zeit. Dann soll es also schnell gehen, aber auch gut schmecken und idealerweise gesund sein. Dass das möglich ist, zeigt Ihnen dieses Buch: Egal ob Sie unterwegs einen schnellen Snack brauchen, sich über eine stärkende Mittagspause freuen oder zu Hause eine Leckerei zaubern möchten – die hier ausgewählten Rezepte sind originell, wirklich gesund und gut vorzubereiten.

GESUNDE SNACKS FÜR JEDEN TAG

Egal, ob bei der Arbeit oder auf Reisen: Wir sollten immer etwas Ordentliches essen, statt auf nährstoffarme Fertigprodukte oder schlechtes Essen vom Imbiss zurückzugreifen, nur weil wir nichts vorbereitet haben. Eine bessere Wahl sind die Rezepte in diesem Buch, die Ihnen reisefeste Gerichte aus gesunden Zutaten wie Gemüse, Obst, Getreide, Hülsenfrüchten und heimischen wie exotischen Superfoods vorschlagen.

Ein gutes Essen soll nicht nur satt und zufrieden machen, sondern auch fit. Das gilt ganz besonders für das Mittagessen, das darüber entscheidet, ob wir die zweite Hälfte des Tages voller Schwung und gut gelaunt verbringen werden. Leider bewirkt das Essen, das in Kantinen, beim Imbiss oder an Bäckerei-Ständen angeboten wird, oft genau das Gegenteil. Es liefert viel zu viel vom falschen und zu wenig vom guten Fett, wird mit unnötigen Zusatzstoffen und viel Zucker aufgepeppt und enthält fast immer zu wenig Frisches wie Gemüse oder Obst. Dadurch macht es müde und träge und sorgt auf Dauer nicht selten für Extrapfunde. Die Lösung: Nehmen Sie sich Ihr Mittagessen einfach von zu Hause mit. Mit einer guten Planung hält sich der Arbeitsaufwand in Grenzen und Sie profitieren gleich in dreifacher Hinsicht: So können Sie ganz nach Geschmack jede Menge Gesundes im Essen unterbringen, Energie nach Maß tanken und sich Bissen für Bissen etwas Gutes tun. Und noch ein weiteres Plus: Selbstgekochtes ist – selbst wenn teure Superfoods verwendet werden – meist sogar preiswerter, als jeden Tag außer Haus zu essen.

Der Fitmacher-Mix

Die ideale Basis für einen ausgewogenen Lunch sind langsam verdauliche Kohlenhydrate aus Gemüse, Vollkorngetreide und Hülsenfrüchten. Die halten den Blutzuckerspiegel in Balance und sättigen lange. Mit vielen B-Vitaminen stärken Vollkornprodukte und Hülsenfrüchte außerdem die Nerven – das hilft, anstrengende Arbeitstage gelassen zu meistern. Gemüse versorgt uns zusätzlich mit Vitalstoffen wie Vitaminen, Mineralien und Bioaktivstoffen. So stärkt es die Abwehrkräfte und liefert alles, was der Körper für einen optimalen Stoffwechsel braucht. Eine Portion nicht zu fettes Eiweiß aus Geflügel, Fisch, Milchprodukten, Eiern, Soja- und Lupinenprodukten oder Hülsenfrüchten unterstützt den

Sättigungseffekt, beugt Heißhunger vor und regt den Stoffwechsel an. Eine kleine, aber feine Portion Fett dazu aus Pflanzenölen, Nüssen, Kernen, Avocado oder fettreichem Fisch wie Lachs unterstützt die Gehirnfunktionen. Als i-Tüpfelchen können die sogenannten Superfoods zu dieser ausgewogenen Mischung dazukommen. Sie steigern die Nährwertdichte der Speisen. Das heißt, das Essen liefert pro Kalorie noch mehr gesunde Nährstoffe. Zu guter Letzt sollten Sie das Trinken nicht vergessen. Ideal ist Kalorienfreies wie Wasser, Kräuter- oder Früchtetee. Smoothies und Säfte liefern viel Gesundes, aber auch Kalorien. Planen Sie diese deshalb als Frühstück oder Zwischenmahlzeit ein.

Das Essen clever vorbereiten
Eine Lunchbox selbst zu füllen, kostet etwas mehr Zeit, als beim Imbiss schnell ein fertiges

Essen zu kaufen. Aber die Mühe zahlt sich immer aus. Und mit ein bisschen Planung hält sich der Aufwand in der Küche auch in Grenzen. Die Gerichte in diesem Buch lassen sich gut am Vortag zubereiten, sodass Sie die vorbereiteten Speisen morgens höchstens noch mit kleinen Handgriffen vollenden müssen. Viele Gerichte lassen sich auch gleich in größerer Menge auf Vorrat zubereiten. Echte Profis machen sich am Wochenende einen Lunch-Plan für die nächste Woche und bereiten möglichst viel vor. Auch sehr clever: Suchen Sie sich Kollegen als »Mitesser« und wechseln Sie sich mit dem Zubereiten der Gerichte ab. Das spart Zeit und bringt jede Menge Abwechslung.

Gutes Essen gut verpackt
Damit Ihre essbaren Schätze auch sicher und appetitlich da ankommen, wo Sie sie essen möchten, brauchen Sie auch eine geeignete Verpackung. Sandwiches und Co. lassen sich einfach in Frischhaltefolie oder in immer zahlreicheren plastikfreien und mehrfach nutzbaren Sandwichtaschen wickeln. Ist der Belag nicht zu saftig, eignet sich auch Butterbrot- oder Backpapier sehr gut. Gefrierbeutel und Boxen aus Plastik oder Glas sind ideal für Knabbergemüse, Salatblätter, Nüsse, Muffins oder trockene Kuchen. Von der einfachen Brotbox aus Kunststoff über mehrstöckige Bentoboxen mit Unterteilungen bis hin zu Blech- oder Emailledosen mit schickem Design gibt es für jeden Geschmack und Zweck das Richtige. Saubere Schraubgläser eignen sich hervorragend für Salatdressings, Dips, Süßes wie Milchreis, für Salate oder Suppen. Je weiter die Öffnung, desto leichter lässt sich das Glas mit Essen befüllen. In Thermoskannen oder auch Thermosbechern bleiben Suppen, Saucen oder Smoothies lange warm oder auch kalt.

SMOOTHIES

Lieblingsfrühstück, Wachmacher am Arbeitsplatz
oder Powerdrink: Smoothies sind fix zubereitet,
gut zu transportieren und stecken voller
gesunder Zutaten. Gönnen Sie sich damit täglich
eine geballte Ladung Vitalstoffe!

DAS PRINZIP SMOOTHIE

Smoothies aus Früchten oder Gemüse sind im Handumdrehen gemixt, stecken voller gesunder Inhaltsstoffe und lassen sich in einem Thermobecher oder Shaker als schnelles Frühstück oder gesunde Zwischenmahlzeit ganz einfach mitnehmen.

Warum sind Smoothies so beliebt?

Nicht jedem fällt es leicht, täglich wie empfohlen fünf Portionen Obst und Gemüse zu bewältigen. Da sind Smoothies gerade recht: Frisch zubereitet aus allem, was die Natur so bietet, schmecken die Mixgetränke nicht nur köstlich, sondern sind auch reich an wertvollen Nährstoffen. Mit Wasser oder einer anderen Flüssigkeit cremig aufgemixt (im Englischen: »smooth«), gehen auch große Portionen »leicht runter« und füllen den Magen, ohne ihn zu belasten. Ein Smoothie kann Frühstück, Refresher nach dem Sport oder auch die perfekte Mahlzeit für unterwegs sein: Rasch gemixt, lässt er sich in einer Trinkflasche überall mit hinnehmen.

Sind Smoothies gesund?

Ja klar! Sie enthalten Vitamine, Mineralstoffe und sekundäre Pflanzenstoffe in höchster Konzentration, dazu jede Menge Chlorophyll und Ballaststoffe. Durch das Aufbrechen der Pflanzenfasern im Mixer sind sie gut bekömmlich – das macht sie zu einer gesunden, vollwertigen Mahlzeit.

Braucht man einen Turbomixer?

Zum Ausprobieren reicht ein Haushaltsmixer oder Pürierstab. Langfristig lohnt aber der Kauf eines Hochleistungsmixers. Nur mit etwas Power werden die Zutaten optimal püriert und alle wertvollen Nährstoffe freigesetzt. Außerdem schmeckt ein Turbo-Smoothie einfach besser.

Geschmackliche Vielfalt

Je abwechslungsreicher, desto gesünder! Am besten unverarbeitetes Obst, Gemüse, Salate und Kräuter aus der Region kaufen (wenn es die Jahreszeit erlaubt) und Bioprodukte bevorzugen. Kurze Wege und vollreife Produkte garantieren höchsten natürlichen Genuss.

Mixmenge

Immer mindestens zwei Portionen mixen, wie in den Rezepten in diesem Buch angegeben. Ist die Mixmenge zu klein, wird ein Teil der Zutaten beim Mixvorgang an die Wände des Behälters geschleudert, bleibt dort haften und die Schneidemesser können »leerlaufen«.

Eisige Zutaten

Damit der Mixer nicht blockiert: gefrorenes Obst oder große Eiswürfel antauen lassen oder etwas Flüssigkeit zugießen. Bei einem weniger leistungsstarken Mixer die Eiswürfel zerkleinern. Dazu in ein Tuch wickeln und mit einer Teigrolle zerschlagen oder durch einen Ice Crusher drehen.

Selbst einfrieren

Es lohnt sich, während der Hochsaison einen Vorrat an tiefgekühlten Früchten anzulegen. Aprikosenstücke, Erdbeeren oder Kirschen erweitern im Winter das Repertoire und erlauben den spontanen Smoothie-Genuss: einfach direkt aus dem Gefrierbeutel in den Mixer geben.

50 g junger Blattspinat
½ Römersalatherz (ca. 50 g)
1 Stange Staudensellerie mit Grün
½ reife Avocado
1 kleiner süßer Apfel
2 EL Zitronensaft
200 ml Trinkmolke oder Haferdrink
3 Msp. Chiliflocken
Salz
1 EL Honig
100 g Crushed Ice

AVOCADO-SPINAT-SMOOTHIE

BALLASTSTOFFREICH

Für 2 große Gläser (à 350 ml)
Zubereitungszeit: 20 Min.
Pro Portion ca. 180 kcal,
3 g E, 12 g F, 14 g KH

1. Spinat verlesen, waschen und abtropfen lassen, 2 Blätter beiseitelegen. Vom Salat die Blätter lösen, putzen, waschen und mit dem Spinat in den Mixbehälter geben. Staudensellerie putzen, waschen, klein schneiden. Avocado entkernen und das Fruchtfleisch mit einem Löffel aus der Schale heben. Den Apfel waschen, abtrocknen, vierteln und entkernen. Die Viertel in grobe Stücke schneiden.

2. Avocado, Sellerie und Apfel nacheinander zu den Blättern in den Mixbehälter geben. Zitronensaft und Molke zugießen und alles erst auf kleiner, dann auf höchster Stufe fein pürieren.

3. 2 Msp. Chiliflocken, 1 Prise Salz, Honig und Crushed Ice hinzufügen und gut durchmixen. Falls der Drink zu dickflüssig ist, etwas kaltes Wasser untermischen. Den Smoothie in Gläser verteilen, mit übrigen Chiliflocken und Spinatblättern garnieren. Am besten sofort servieren oder ohne Deko in ein Schraubglas füllen und mitnehmen.

1 reife Mango (ca. 400 g)
2 Orangen
1 Stück Ingwer (ca. 1 cm lang)
1 Chicorée
½ TL gemahlene Kurkuma
125 ml Kokoswasser (ersatzweise stilles Mineralwasser)
1 EL Agavendicksaft (nach Belieben)

TROPICAL MANGO-MIX

VEGAN

Für 2 große Gläser (à 350 ml)
Zubereitungszeit: 20 Min.
Pro Portion ca. 170 kcal,
3 g E, 2 g F, 36 g KH

1. Die Mango schälen, das Fruchtfleisch großzügig vom Stein schneiden. Zwei Spalten zum Garnieren abschneiden und beiseitelegen, den Rest in grobe Stücke schneiden. Eine Orange schälen und das Fruchtfleisch in grobe Stücke schneiden, den abtropfenden Saft dabei auffangen. Die zweite Orange halbieren und auspressen. Den Ingwer schälen und fein würfeln. Den Chicorée längs halbieren, waschen, vom Strunk befreien und in grobe Stücke schneiden.

2. Erst den Chicorée, danach Mango, Orangenstücke, Ingwer und Kurkuma in den Mixbehälter geben. Mit Orangensaft und Kokoswasser auffüllen. Alles zunächst auf kleiner, dann auf höchster Stufe sehr fein pürieren. Nach Belieben Agavendicksaft kurz untermixen.

3. Den Smoothie in Gläser gießen, je eine Mangospalte an den Glasrand stecken. Am besten sofort servieren oder ohne Deko als Smoothie to go in ein Schraubglas füllen und mitnehmen.

MELONEN-MINZE-FREEZER

½ Bund Minze
125 g TK-Himbeeren
400 g Wassermelone
2 getrocknete Soft-Datteln
(entsteint)
1 EL Mandelmus
2 EL Zitronensaft
2 TL Honig (nach Belieben)
6 Eiswürfel

SOMMER-REZEPT

Für 2 große Gläser (à 350 ml)
Zubereitungszeit: 20 Min.
Abkühlzeit: 1 Std.
Auftauzeit: ca.10 Min.
Pro Portion ca. 160 kcal,
3 g E, 6 g F, 22 g KH

1. Die Minze abbrausen und trocken schütteln, 2 kleine Zweige beiseitelegen. Die übrigen Minzeblätter von den Zweigen zupfen (ca. 10 g) und in eine Kanne geben. Mit 200 ml kochendem Wasser übergießen, etwa 10 Min. ziehen lassen. Dann den Tee durch ein Sieb gießen und etwa 1 Std. abkühlen lassen.

2. Die TK-Himbeeren ca. 10 Min. antauen oder bei einem weniger leistungsstarken Mixer komplett auftauen lassen. Die Wassermelone schälen, entkernen und das Fruchtfleisch in grobe Stücke schneiden. Mit den Himbeeren in den Mixbehälter geben. Die Datteln klein schneiden. Mit dem Mandelmus, Zitronensaft und Minzetee zu den Früchten geben und alles erst auf kleiner, dann auf höchster Stufe cremig-fein pürieren.

3. Den Smoothie nach Belieben mit Honig süßen. Die Eiswürfel in Gläser verteilen, den Smoothie darübergießen und mit je einem kleinen Minzezweig garnieren. Am besten sofort servieren oder ohne Deko in ein Schraubglas füllen und mitnehmen.

TIPP Der Minzetee bringt eine erfrischende Note in den Smoothie. Lieblicher wird er mit Früchte- oder Hagebuttentee, leicht herb mit grünem Tee.

Für 2 Gläser (à 250 ml) • 10 Min. Zubereitung
Pro Portion ca. 200 kcal, 3 g E, 4 g F, 37 g KH

Für 2 große Gläser (à 350 ml) • 10 Min. Zubereitung
Pro Portion ca. 175 kcal, 4 g E, 3 g F, 30 g KH

BIRNEN-SMOOTHIE

2 Fruchtgläschen Birne (à 125 g)
100 ml Orangensaft
1 EL Sonnenblumenkerne
2 EL Honig
2 EL Orangensaft

1. Birnenmus in den Mixbehälter geben. Das Gläschen mit dem Orangensaft ausspülen und den Saft zum Mus gießen. Sonnenblumenkerne und Sanddornmark gleichfalls hinzufügen und alles zunächst auf kleiner, dann auf hoher Stufe pürieren, bis der Smoothie schön cremig ist.

2. Abschließend 100 ml Wasser zugeben und kurz untermixen, bis der Smoothie die gewünschte Konsistenz hat. Den Drink in Gläser verteilen und am besten sofort servieren oder in ein Schraubglas füllen und mitnehmen.

ROTER VITAMIN-SHOT

200 g TK-Beerenmischung
150 g Rote Bete (vorgegart und vakuumiert)
1 Stück Ingwer (ca. 1 cm lang)
1 EL Walnusskerne • 200 ml Multivitaminsaft
100 ml stilles Mineralwasser • 4 TL Honig

1. Die TK-Beeren auftauen lassen. Die Roten Beten in grobe Stücke schneiden. Ingwer schälen, fein würfeln.

2. Erst Beeren, dann Rote Bete, Ingwer und Walnusskerne in den Mixbehälter geben. Saft und Mineralwasser angießen und alles auf kleiner und schließlich auf höchster Stufe fein pürieren.

3. Den Honig hinzufügen und kurz und kräftig untermixen. Den Smoothie in Gläser verteilen und am besten sofort servieren.

Für 2 große Gläser (à 350 ml) • 10 Min. Zubereitung
Pro Portion ca. 270 kcal, 5 g E, 6 g F, 48 g KH

Für 2 Gläser (à 250 ml) • 10 Min. Zubereitung
Pro Portion ca. 225 kcal, 2 g E, 0 g F, 51 g KH

EXOTIC GREENIE

100 g TK-Blattspinat
1 Dose Ananasstücke (435 g)
1 EL Cashewmus (Mandelmus)
2 EL zarte Haferflocken
200 ml Kokoswasser
2 TL Agavendicksaft

1. Den TK-Blattspinat auftauen lassen. Die Ananasstücke samt Saft in den Mixbehälter geben und fein pürieren. Blattspinat, Cashew-Mus und Haferflocken zugeben. Mit Kokoswasser auffüllen und alles zunächst auf kleiner, dann auf höchster Stufe durchmixen, bis die Konsistenz schön cremig ist.

2. Den Smoothie nach Belieben mit Agavendicksaft süßen und diesen kurz untermixen. Auf zwei Gläser verteilen und am besten sofort servieren oder in ein Schraubglas füllen und mitnehmen.

PUNSCH-DRINK

1 Stück Ingwer (ca. 1 cm lang)
150 ml Kirschsaft
1 Beutel Glühweingewürz
150 g getrocknete Soft-Pflaumen
2 Msp. Zimtpulver
2 TL Honig (nach Belieben)

1. Den Ingwer schälen und würfeln. Den Kirschsaft mit Ingwer und Glühweingewürz aufkochen und ca. 5 Min. ziehen lassen. Anschließend durch ein Sieb gießen und den Punsch etwas abkühlen lassen.

2. Die Soft-Pflaumen mit dem abgekühlten Punsch und 250 ml Wasser in den Mixbehälter geben. Alles zunächst auf kleiner, dann auf höchster Stufe cremig-fein pürieren.

3. Zimt und Honig hinzufügen und kurz untermixen. Den Drink in Gläser verteilen und lauwarm servieren.

2 Blätter Kopfsalat (ca. 50 g)
½ kleiner Kohlrabi mit Grün (ca. 150 g)
1 kleiner Apfel
1 EL Haselnussmus
2 TL Zitronensaft
250 ml Mineralwasser
½ TL mildes Currypulver
2 TL Apfeldicksaft
(ersatzweise Agavendicksaft)
einige Gänseblümchen

KOHLRABI-APFEL-CREAMY

VEGAN

Für 2 große Gläser (à 350 ml)
Zubereitungszeit: 10 Min.
Pro Portion ca. 140 kcal,
3 g E, 8 g F, 17 g KH

1. Vom Salat die Blätter lösen, putzen, waschen und grob schneiden. Den Kohlrabi putzen, schälen und grob würfeln oder bei einem weniger leistungsstarken Mixer raspeln. Die Blätter waschen und ebenfalls grob schneiden. Den Apfel waschen, abtrocknen, vierteln und entkernen. Die Apfelviertel in Stücke schneiden.

2. Erst den Salat und die Kohlrabiblätter, danach die Kohlrabi- und Apfelstücke in den Mixbehälter geben. Haselnussmus, Zitronensaft und Mineralwasser hinzufügen und alles zunächst auf kleiner, dann auf höchster Stufe cremig und glatt pürieren.

3. Das Currypulver und den Apfeldicksaft zugeben und kurz untermixen. Den Smoothie in Gläser verteilen und nach Belieben mit Gänseblümchen garnieren, am besten sofort servieren. Alternativ ohne die Garnierung in ein Schraubglas füllen und mitnehmen.

125 g Rotkohlblätter
1 Clementine
1 Kiwi
½ Banane
2 getrocknete Soft-Feigen
2 TL Chia-Samen
250 ml Trinkmolke oder Haferdrink
1 Msp. Zimtpulver
2 TL Honig (nach Belieben)

ROTKOHL-CLEMENTINEN-MIX

VITAMINREICH

Für 2 große Gläser (à 350 ml)
Zubereitungszeit: 10 Min.
Pro Portion ca. 165 kcal,
4 g E, 2 g F, 30 g KH

1. Die Rotkohlblätter putzen, waschen, die dicken Mittelrippen entfernen und die Blätter in grobe Stücke oder bei einem weniger leistungsstarken Mixer in feine Streifen schneiden. Die Clementine schälen und in Spalten teilen. Die Kiwi und Banane schälen und in Scheiben schneiden. Die Feigen in Stücke schneiden.

2. Erst den Rotkohl, danach das vorbereitete Obst in den Mixbehälter füllen. Chia-Samen dazugeben. Mit Molke aufgießen und alles zunächst auf kleiner, dann auf höchster Stufe cremig-fein pürieren.

3. Zimtpulver und nach Belieben den Honig kurz und kräftig untermixen. Den Smoothie in Gläser verteilen und am besten sofort servieren. Alternativ in ein Schraubglas füllen und mitnehmen.

GRÜNKOHL-TRAUBEN-SMOOTHIE

50 g zarte Grünkohlblätter
1 Mini-Salatgurke
1 Stück Fenchel (ca. 50 g)
100 g grüne Weintrauben
½ grüner Apfel
½ Limette
6 Stängel Petersilie
150 ml stilles Mineralwasser
1 EL Honig (nach Belieben)
2 TL geschroteter Leinsamen

VITAMINREICH

Für 2 große Gläser (à 350 ml)
Zubereitungszeit: 15 Min.
Pro Portion ca. 130 kcal,
4 g E, 2 g F, 21 g KH

1. Den Grünkohl putzen, waschen, die Blätter von den Stielen zupfen und klein schneiden. Die Gurke putzen, waschen und würfeln. Den Fenchel putzen, waschen und ebenfalls würfeln. Die Weintrauben abbrausen, von den Stielen zupfen und halbieren. Den Apfel waschen, abtrocknen, vierteln und entkernen. Die Apfelviertel in Spalten schneiden. Die Limette schälen, dabei die weiße Haut weitgehend belassen. Dann das Fruchtfleisch in grobe Stücke schneiden. Die Petersilie abbrausen, trocken schütteln und die Blätter abzupfen.

2. Erst Grünkohl und Petersilie, danach Gurke, Trauben, Apfel, Fenchel und Limette in den Mixbehälter füllen. Das Mineralwasser zugießen und alles zunächst auf kleiner, dann auf höchster Stufe sämig und glatt pürieren. Dabei zwischendurch immer wieder kurz stoppen und die Zutaten bei Bedarf mit einem Teigschaber vom Behälterrand nach unten schieben.

3. Den Smoothie nach Belieben mit Honig süßen und diesen kurz untermixen. Den Drink auf Gläser verteilen. Mit geschrotetem Leinsamen bestreuen und am besten sofort servieren. Alternativ ohne Deko in ein Schraubglas füllen und mitnehmen.

TIPP Außerhalb der Grünkohl-Saison können Sie den Drink mit jungem Blattspinat, Spitzkohl oder zartem Wirsing zubereiten.

150 g TK-Sauerkirschen (entsteint)
2 TL Zitronensaft
½ TL gemahlene Vanille
150 g Sahnejoghurt
200 ml Milch
2 EL Ahornsirup
2 TL Zartbitter-Schokoladenraspel

KIRSCH-JOGHURT-DRINK

EINFACH

Für 2 Gläser (à 250 ml)
Zubereitungszeit: 15 Min.
Auftauzeit: ca. 15 Min.
Pro Portion ca. 245 kcal,
8 g E, 13 g F, 23 g KH

1. Die TK-Kirschen ca. 15 Min. antauen oder bei einem weniger leistungsstarken Mixer komplett auftauen lassen.

2. Anschließend die Kirschen mit Zitronensaft und Vanille in den Mixbehälter geben. Joghurt und Milch hinzufügen und alles erst auf kleiner, dann auf höchster Stufe cremig-fein pürieren.

3. Den Drink mit Ahornsirup süßen und diesen kurz untermixen. Nach Belieben mit etwas Wasser bis zur gewünschten Konsistenz verdünnen und alles noch einmal kräftig durchmixen.

4. Den Drink in Gläser füllen, mit Schokoladenraspeln bestreuen und am besten sofort servieren. Alternativ ohne Garnierung in ein Schraubglas füllen und mitnehmen.

1 Stück Ananas (ca. 300 g)
1 Nektarine
½ Bio-Limette
200 g Kokosmilch (aus der Dose)
100 ml Ananassaft
2 TL Rohrohrzucker
50 g Crushed Ice
2 Minzeblättchen
2 Kokoschips
2 kurze Holzspießchen

ANANAS-NEKTARINEN-COLADA

VEGAN

Für 2 große Gläser (à 350 ml)
Zubereitungszeit: 15 Min.
Pro Portion ca. 355 kcal,
5 g E, 19 g F, 37 g KH

1. Ananas putzen, schälen, den Strunk entfernen und das Fruchtfleisch in Stücke schneiden. Zwei Ananasstücke für die Garnierung beiseitelegen. Die Nektarine waschen, halbieren, entsteinen und in grobe Stücke schneiden. Die Limette heiß waschen, abtrocknen, die Schale fein abreiben und den Saft auspressen.

2. Ananas, Nektarine, Limettenschale und -saft in den Mixbehälter geben. Mit Kokosmilch und Ananassaft auffüllen und alles erst auf kleiner, dann auf höchster Stufe cremig-fein pürieren. Den Rohrzucker hinzufügen und kurz und kräftig untermixen.

3. Das Eis auf Gläser verteilen, den Smoothie darübergießen. Je ein Ananasstück, ein Minzeblatt und einen Kokoschip auf ein Holzspießchen stecken und über den Glasrand legen. Am besten sofort servieren. Alternativ ohne Deko in ein Schraubglas füllen und mitnehmen.

1 säuerlicher Apfel
2 TL Mandelmus
2 EL Magerquark
½ TL Zimtpulver
¼ TL gemahlene Vanille
100 ml Apfelsaft
150 ml Milch
2 Amarettini (oder ein anderes
Mandelgebäck)

APFELKUCHEN-SMOOTHIE

SCHNELL

Für 2 Gläser (à 250 ml)
Zubereitungszeit: 10 Min.
Pro Portion ca. 175 kcal,
6 g E, 8 g F, 17 g KH

1. Den Apfel waschen, abtrocknen, vierteln und entkernen. Die Apfelviertel grob zerkleinern und in den Mixbehälter geben.

2. Mandelmus, Quark, Zimt und Vanille zu den Äpfeln geben. Mit dem Apfelsaft auffüllen und alles zunächst auf kleiner, dann auf höchster Stufe cremig pürieren. Zum Schluss die Milch hinzufügen und alles nochmals kurz und kräftig durchmixen.

3. Den Smoothie auf Gläser verteilen. Die Amarettini fein zerbröseln und darüberstreuen, am besten sofort servieren. Alternativ den Smoothie ohne Keksbrösel in ein Schraubglas füllen und mitnehmen.

70 g Cashewkerne
(ersatzweise Erdnusskerne)
200 g Beeren (z. B. Himbeeren,
Heidelbeeren, Johannisbeeren,
frisch oder tiefgekühlt)
50 g junger Blattspinat
2 EL Kakaopulver
1 EL Ahornsirup
1 Msp. Zimtpulver

SCHOKO-CASHEW-SMOOTHIE

VEGAN

Für 2 große Gläser (à 350 ml)
Zubereitungszeit: 10 Min.
Einweichzeit: ca. 6 Std.
Auftauzeit: ca. 10 Min.
Pro Portion ca. 300 kcal,
10 g E, 18 g F, 26 g KH

1. Cashewkerne mit kaltem Wasser bedecken und mindestens 6 Std., am besten über Nacht einweichen. Dann in ein Sieb abgießen. Mit 200 ml frischem Wasser in den Mixbehälter füllen und zunächst bei kleiner, dann bei höchster Stufe glatt pürieren. Frische Beeren verlesen, kurz abbrausen, tiefgekühlte Beeren ca. 10 Min. antauen oder bei einem weniger leistungsstarken Mixer komplett auftauen lassen. Den Spinat verlesen, waschen und abtropfen lassen.

2. Erst den Spinat und die Beeren, danach den Kakao zum Cashew-Mus in den Mixbehälter geben. Alles zunächst auf kleiner, dann auf höchster Stufe glatt pürieren. Zum Schluss Ahornsirup und Zimt zufügen und kurz und kräftig untermixen. Nach Belieben mit etwas Wasser verdünnen. Den Drink in Gläser füllen und am besten sofort servieren. Alternativ in ein Schraubglas füllen und mitnehmen.

250 ml Apfelsaft
2 EL zarte Haferflocken
2 EL gemahlene Mandeln
1 reife Birne (ca. 175 g)
200 g Dickmilch (ersatzweise Joghurt)
125 g Physalis
1 EL Limettensaft
2 EL Knusper-Müsli

PORRIDGE-SHOT MIT PHYSALIS

ZUM FRÜHSTÜCK

Für 2 große Gläser (à 350 ml)
Zubereitungszeit: 35 Min
Quellzeit: 20 Min.
Pro Portion ca. 260 kcal,
6 g E, 9 g F, 48 g KH

1. Den Apfelsaft aufkochen. Die Haferflocken und Mandeln in einer Schüssel vermischen, mit dem heißen Saft übergießen und ca. 20 Min. quellen lassen, bis die Masse lauwarm abgekühlt ist.

2. Birne waschen, abtrocknen, vierteln und entkernen. Die Birnenviertel grob zerkleinern. Den Flocken-Mandel-Mix mit Birnenstücken und Dickmilch in den Mixbehälter geben und zunächst bei kleiner, dann bei höchster Stufe fein pürieren. Auf Gläser verteilen.

3. Die Physalis aus den Hüllen lösen und halbieren. Mit dem Limettensaft beträufeln. Das Knuspermüsli und die Physalis auf den Drinks verteilen. Nach Belieben mit je einer Physalis in der Hülle garnieren und mit einem langstieligen Löffel servieren. Sofort genießen.

2 EL kernige Haferflocken
1 EL Mandelblättchen
100 g TK-Himbeeren
100 g TK-Brombeeren
1 Banane
2 – 3 Blätter Radicchio (ca. 30 g)
1 EL getrocknete Soft-Cranberrys
200 g Dickmilch (ersatzweise Joghurt
oder Hafermilch)

BEEREN-SMOOTHIE-BOWL

VITAMINREICH

Für 2 Personen
Zubereitungszeit: 20 Min.
Auftauzeit: ca. 10 Min.
Pro Portion ca. 195 kcal,
7 g E, 6 g F, 25 g KH

1. Haferflocken und Mandeln in einer Pfanne ohne Fett bei mittlerer Hitze goldbraun anrösten. Vom Herd nehmen, abkühlen lassen.

2. Himbeeren und Brombeeren ca. 10 Min. antauen oder bei einem weniger leistungsstarken Mixer komplett auftauen lassen, einige Früchte zum Garnieren beiseitelegen. Die Banane schälen, in Scheiben schneiden. Radicchio waschen, putzen und grob schneiden.

3. Erst die Banane, danach Beeren, Radicchio und Cranberrys in den Mixbehälter füllen. Milch zugeben und alles zunächst auf kleiner, dann auf höchster Stufe bis zur gewünschten Konsistenz pürieren.

4. Den Smoothie auf zwei Schüsseln (Bowls) verteilen und mit den beiseitegelegten Beeren garnieren. Zuletzt den Flocken-Mandel-Mix darüberstreuen. Sofort servieren und genießen.

EIWEISSPOWER HÜLSENFRÜCHTE

Hülsenfrüchte sind im Trend – und das nicht nur bei Vegetariern. Linsen, Kichererbsen, Bohnen, Erbsen und Co. sind wahres Superfood, das uns mit einer ganzen Batterie an gesunden Inhaltsstoffen wie hochwertigem Pflanzeneiweiß, Ballaststoffen und Bioaktivstoffen vor Übergewicht und Krankheiten schützen kann. Preiswert sind sie noch dazu und mit ihrer bunten Vielfalt so abwechslungsreich zu verwenden, dass garantiert keine Langeweile aufkommt.

KLEINE KRAFTPAKETE

So klein und unscheinbar sie aussehen, so überzeugend sind ihre inneren Werte.
Denn Hülsenfrüchte liefern ein vollwertiges Paket an Nährstoffen.
Hier erfahren Sie das Wichtigste in Kürze.

Eiweiß-Stars

In Sachen Protein haben die kleinen Früchtchen einiges zu bieten und sind eine hervorragende Alternative zu tierischen Eiweißquellen wie Fleisch, Fisch oder Milchprodukten. Wie viel Eiweiß in ihnen steckt, hängt von der Sorte ab und liegt im Durchschnitt zwischen 25 und 30 Prozent. Spitzenreiter wie Lupine und Soja enthalten bis zu 40 Prozent Eiweiß. Durch die geschickte Kombination mit Lebensmitteln wie Ei, Getreide oder Kartoffeln wird das Eiweiß besonders hochwertig für den Körper.

Slow Carbs

Getrocknete Hülsenfrüchte bestehen zu etwa 40 Prozent aus Kohlenhydraten. Dabei handelt es sich vor allem um langkettige Kohlenhydrate, die unser Körper nur langsam verdauen kann. Dazu kommen noch unverdauliche Ballaststoffe. Beides sorgt dafür, dass die Kerne einen niedrigen glykämischen Index haben. Das bedeutet, dass der Blutzuckerspiegel nach dem Essen nur langsam ansteigt. So machen Hülsenfrüchte lange satt und sind ideal für alle, die ihr Gewicht in Balance halten wollen. Hülsenfrüchte liefern sowohl wasserlösliche Ballaststoffe, die Blutzucker, Blutdruck und Cholesterinspiegel ins Gleichgewicht bringen, als auch wasserunlösliche Ballaststoffe, die unsere Verdauung regulieren und der Darmflora guttun.

Bonuspunkte

Die kleinen Früchtchen liefern eine gute Portion B-Vitamine und wirken durch viel Kalium basisch. Daneben enthalten sie nennenswerte Mengen von Magnesium und Eisen. Mit vielen bioaktiven Pflanzenstoffen wie Saponinen oder Antioxidantien schützen sie unsere Körperzellen und können so das Risiko für Krankheiten wie Krebs senken. Sojabohnen enthalten zusätzlich Phytoöstrogene, die eine hormonähnliche Wirkung aufweisen.

Immer kochen

Hülsenfrüchte vor dem Essen stets garen. Denn roh enthalten sie eine Reihe von unverträglichen, in größeren Mengen sogar giftigen Inhaltsstoffen, die erst durch Hitze zerstört werden. Das sind zum einen Lektine, Eiweißstoffe, die vor allem in Bohnen enthalten sind, Protease-Inhibitoren, die unsere Verdauung stören können, und Blausäure. Durch Einweichen, Kochen und teilweise auch Keimen werden diese Stoffe zerstört. Frische grüne Bohnen sollten Sie immer mindestens zehn Minuten kochen, denn erst dann werden die schädlichen Stoffe zerstört. Bei Tiefkühlware reicht dagegen eine kürzere Kochzeit, denn das Gemüse ist bereits vorgekocht. Auch Hülsenfrüchte aus der Dose oder aus dem Glas sind bereits gegart – hier reicht Erwärmen. Ebenso sollten Edamame, un-

reife grüne Sojabohnen, vor dem Verzehr gegart werden. Einzige Ausnahme sind grüne Erbsen: egal ob ausgereift oder als Zuckerschoten, sie können auch roh gegessen werden.

Erstmal baden

Zum Einweichen getrockneter Hülsenfrüchte eine ausreichend große Schüssel verwenden. Denn die kleinen Kerne vervielfachen ihr Volumen. Bei Linsen können Sie sich das Einweichen sparen, sie haben ohnehin eine relativ kurze Kochzeit. Auch wenn Sie einen Schnellkochtopf verwenden, müssen Sie die Kerne nicht unbedingt einweichen. Es macht sie aber bekömmlicher und sorgt dafür, dass sie beim Kochen eher die Form behalten. Das Einweichwasser immer wegschütten und die Kerne vor der Weiterverwendung noch einmal abspülen. Denn die schädlichen Stoffe aus den rohen Hülsenfrüchten gehen in das Wasser über.

Vorsicht, bitte!

Da Hülsenfrüchte sogenannte Purine enthalten, natürliche Eiweißverbindungen, die bei der Verdauung zu Harnsäure abgebaut werden, sollten sie bei erhöhten Harnsäurewerten oder Gicht nur in Maßen gegessen oder sogar ganz gemieden werden. Vor allem Erbsen, dicke Bohnen und Linsen sind reich an Purinen. Bei einigen Menschen können Hülsenfrüchte Allergien auslösen, besonders viele Betroffene reagieren auf Sojabohnen und Erdnüsse. Aber auch andere Hülsenfrüchte können eine allergische Reaktion auslösen.

900 g Dicke Bohnen in der Schote (ersatzweise 300 g TK-Dicke-Bohnen)
Salz
½ Bio-Zitrone
4 Stiele Basilikum
1 Frühlingszwiebel
4 EL Olivenöl
Pfeffer
1 Knoblauchzehe
4 Scheiben rustikales Bauernbrot
50 g Schafskäse (Feta)

CROSTINI MIT DICKEN BOHNEN

SCHNELLE SCHNITTE

Für 4 Portionen
25 Min. Zubereitungszeit
Pro Portion ca. 305 kcal,
11 g E, 14 g F, 34 g KH

1. Die Bohnenkerne aus den Schoten lösen und in kochendem Salzwasser ca. 10 Min. garen. Alternativ tiefgekühlte Bohnen nach Packungsanweisung garen. Die Bohnen abgießen, kalt abschrecken und die Kerne aus den Hüllen drücken.

2. Die Zitrone heiß waschen und trocken reiben. Die Schale abreiben und 1 EL Saft auspressen. Das Basilikum waschen, trocken schütteln und die Blätter, bis auf 4 Stück zum Garnieren, fein schneiden. Die Frühlingszwiebel putzen, waschen und in schmale Ringe schneiden. Die Bohnenkerne mit dem Zitronensaft und 2 EL Öl stückig pürieren. Mit Salz und Pfeffer würzen. Die Zitronenschale, bis auf etwas zum Garnieren, das Basilikum und die Frühlingszwiebel unterheben.

3. Die Knoblauchzehe halbieren und die Brotscheiben damit von beiden Seiten einreiben. 2 EL Öl in einer Pfanne erhitzen. Die Brote darin unter Wenden knusprig anrösten. Die Bohnenpaste auf den Brotscheiben verteilen. Die Brotscheiben jeweils halbieren und den Feta darüber bröseln. Mit Basilikumblättern und übriger Zitronenschale garnieren und servieren.

100 g getrocknete schwarze Bohnen
1 Hokkaido-Kürbis (ca. 1,2 kg)
50 g getrocknete Tomaten in Öl
Salz und Pfeffer
1 Zwiebel
2 Knoblauchzehen
150 g Babyspinat
3 EL Olivenöl
Saft und abgeriebene Schale von ½ Bio-Zitrone
1 Spritzer Honig

KÜRBISSALAT MIT BOHNEN

MIT KNUSPER

Für 4 Portionen
40 Min. Zubereitungszeit
60 Min. Kochzeit
12 Std. Einweichzeit
Pro Portion ca. 285 kcal,
13 g E, 2 g F, 56 g KH

1. Die Bohnen über Nacht einweichen. Am nächsten Tag abgießen und in einem Topf mit Wasser bedeckt 45 – 60 Min. kochen. Abgießen, abtropfen und auf einem Tuch ausgebreitet trocknen lassen.

2. Den Backofen auf 200° vorheizen. Den Kürbis waschen, putzen, entkernen und in schmale Spalten schneiden. Die Kürbisspalten auf einem mit Backpapier ausgelegten Backblech verteilen. Die Tomaten abtropfen lassen. Das Öl auffangen. 2 EL Tomatenöl über den Kürbis träufeln, salzen und pfeffern. Im Ofen (Mitte) ca. 25 Min. backen.

3. Zwiebel und Knoblauch schälen. Die Zwiebel in Spalten, den Knoblauch in Hälften schneiden. Die getrockneten Tomaten in Streifen schneiden. Alles nach ca. 10 Min. zum Kürbis geben. Den Spinat verlesen, waschen und trocken schütteln. Für das Dressing das Öl mit dem Zitronensaft, der Zitronenschale und dem Honig verquirlen. Mit Salz und Pfeffer abschmecken.

4. Die Bohnen in einer Pfanne ohne Fett 10 – 12 Min. rösten, bis sie aufpoppen. Ab und zu wenden. Salzen. Ofengemüse mit Spinat anrichten. Dressing darüber träufeln und Bohnen aufstreuen.

1 kleiner Blumenkohl
1 Dose Kichererbsen
(260 g Abtropfgewicht)
2 EL Olivenöl
Salz und Pfeffer
1 gehäufter TL geräuchertes
Paprikapulver
¼ TL Kreuzkümmel
1 Avocado
2 EL Zitronensaft
1 Knoblauchzehe
100 g Joghurt
2 EL Cashewmus
4 kleine Pita-Brote
2 EL gehackte Petersilie

SOULFOOD

Für 4 Portionen
45 Min. Zubereitungszeit
Pro Portion ca. 645 kcal,
22 g E, 22 g F, 87 g KH

RÖSTKICHERERBSEN AUF FLADENBROT

1. Den Backofen auf 225° vorheizen. Den Blumenkohl waschen, abtropfen lassen und in sehr kleine Röschen teilen. Die Kichererbsen abgießen, kalt abspülen, gut abtropfen lassen und trocken tupfen. Das Öl mit Salz, Pfeffer, Paprikapulver und Kreuzkümmel verrühren. Blumenkohl und Kichererbsen gut untermischen und alles auf einem mit Backpapier belegten Backblech verteilen. Im heißen Ofen ca. 35 Min. rösten, dabei nach ca. 20 Min. Garzeit einmal gut durchrühren.

2. Für die Avocadocreme die Avocado halbieren, den Stein entfernen und das Fruchtfleisch aus der Schale lösen. Mit 1 EL Zitronensaft zu einer feinen Paste zerdrücken. Mit Salz, Pfeffer und Kreuzkümmel abschmecken. Für den Joghurt-Dip den Knoblauch schälen und grob zerteilen. Joghurt, Knoblauch, Cashewmus und übrigen Zitronensaft fein pürieren. Mit Salz und Pfeffer abschmecken.

3. Die Pita-Brote in einem Kontaktgrill oder im Toaster rösten. Die Avocadocreme auf den Broten verteilen und mit Röstkichererbsen und Blumenkohl belegen. Etwas Joghurt-Dip daraufgeben und mit Petersilie bestreuen. Übrigen Joghurt-Dip extra dazu servieren.

TIPP Die Röstkichererbsen sind solo ein toller und gesunder Knabbersnack. Dazu nur die Kichererbsen, ohne den Blumenkohl, mit dem Öl mischen und im Ofen rösten. Sofort servieren oder auskühlen lassen und in einer gut verschlossenen Blechdose aufbewahren. So bleiben sie bis zu 1 Woche frisch.

VEGGIE-BURGER

1 Dose Kidneybohnen
(265 g Abtropfgewicht)
1 Bund Petersilie
2 rote Zwiebeln
1 Knoblauchzehe
50 g Haferflocken
2 TL mittelscharfer Senf
2 TL geräuchertes Paprikapulver
Salz und Pfeffer
100 g Sauerrahm
1 – 2 TL Harissa
(scharfe Würzpaste)
1 EL Aprikosenkonfitüre
2 Tomaten
¼ Salatgurke
4 Blätter Kopfsalat
2 EL Öl
4 Burgerbrötchen (Buns)

ZUM ANBEISSEN

Für 4 Portionen
40 Min. Zubereitungszeit
1 Std. Quellzeit
Pro Portion ca. 370 kcal,
12 g E, 11 g F, 54 g KH

1. Die Bohnen abgießen, kalt abspülen und gut abtropfen lassen. Die Petersilie waschen und trocken schütteln. Die Blättchen abzupfen und hacken. 1 Zwiebel und die Knoblauchzehe schälen und hacken. Die Haferflocken im Blitzhacker fein mahlen.

2. Die Bohnen mit der Petersilie, der Zwiebel, der Knoblauchzehe, dem Hafermehl, dem Senf, dem Paprikapulver, Salz und Pfeffer in eine Schüssel geben und mit den Händen kräftig verkneten. Die Masse ca. 1 Std. zum Quellen stehen lassen.

3. Inzwischen für die Sauce den Sauerrahm mit Harissa und Konfitüre verrühren. Mit Salz und Pfeffer abschmecken. Kalt stellen. Die Tomaten waschen, trocken reiben und in schmale Scheiben schneiden. Die Gurke schälen und in dünne Scheiben hobeln. Den Salat waschen und trocken schleudern. Die übrige Zwiebel schälen und in feine Ringe schneiden.

4. Aus der Bohnenmasse 4 flache Burger-Pattys formen. Das Öl in einer beschichteten Pfanne erhitzen. Die Burger darin pro Seite 3 – 4 Min. knusprig braten. Inzwischen die Brötchen waagerecht aufschneiden und im Toaster rösten. Die unteren Hälften mit je 1 EL Harissacreme bestreichen. Mit Salat, Burger-Patty, Tomaten, Gurken und Zwiebeln belegen. Etwas Harissacreme darauf klecksen und die obere Hälfte auflegen. Übrige Harissacreme extra dazu servieren. Dazu schmecken Pommes oder Salat.

ERBSEN-MINZ-FALAFEL

Für die Falafeln:
250 g getrocknete grüne
Splittererbsen
100 g TK-Erbsen
1 Zwiebel
2 Knoblauchzehen
½ Bund Minze
2 TL Salz
1 TL Kreuzkümmel
1 TL Backpulver
1 EL Mehl
750 ml Öl zum Frittieren

Für den Dip:
½ Salatgurke (ca. 200 g)
125 g Sahnejoghurt
50 g weißes Tahin
(Sesampaste)
2 EL Zitronensaft
Salz

ORIENT-KNUSPER-KUGELN

Für 4 Portionen
40 Min. Zubereitungszeit
12 Std. Einweichzeit
Pro Portion ca. 600 kcal,
21 g E, 36 g F, 48 g KH

1. Die Splittererbsen in einer Schüssel mit Wasser bedecken und abgedeckt mindestens 12 Std. einweichen lassen. Am nächsten Tag die eingeweichten Erbsen abgießen, kalt abspülen und gut abtropfen lassen. Die TK-Erbsen mit kochendem Wasser überbrühen, ca. 5 Min. ziehen lassen, dann abgießen und ebenfalls gut abtropfen lassen.

2. Die Zwiebel und den Knoblauch schälen und in grobe Stücke schneiden. Die Minze waschen und trocken schütteln. Die Blätter abzupfen und grob hacken. Alle vorbereiteten Zutaten mit den Erbsen durch die feine Scheibe des Fleischwolfs drehen oder alternativ pürieren. Das Salz, den Kreuzkümmel, das Backpulver und das Mehl zugeben. Alles mit den Händen zu einer glatten Masse verkneten. Die Masse mit angefeuchteten Händen zu ca. 20 golfballgroßen Kugeln formen. Das Öl in einem Topf erhitzen. Die Falafeln darin portionsweise goldbraun frittieren, dabei einmal wenden. Auf Küchenpapier abtropfen lassen.

3. Für den Dip die Gurke schälen, längs halbieren und die Kerne mit einem Löffel herauskratzen. Das Fruchtfleisch fein würfeln. Den Joghurt mit dem Tahin, dem Zitronensaft und etwas Salz glatt rühren. Die Gurkenwürfel unterheben. Die Falafel mit dem Dip servieren. Dazu schmecken ein Möhrensalat (siehe Tipp) und nach Belieben dünne Fladenbrote.

TIPP Für den Salat 500 g Möhren mit einem Spiralschneider dünn schneiden oder grob raspeln. 1 EL flüssigen Honig mit 3 EL Zitronensaft, 2 EL Rapsöl, Salz und Pfeffer verrühren. Möhren untermischen und ca. 30 Min. durchziehen lassen.

FRUCHTIGER LINSENSALAT MIT FISCH

200 g grüne Puy-Linsen
1 Lorbeerblatt
1 Granatapfel
1 EL Honig
1 EL Weißweinessig
Salz und Pfeffer
3 EL Olivenöl
1 kleine reife Mango
1 rote Zwiebel
1 Bund Dill
4 Seelachsfilets (à ca. 200 g)
2 TL Zitronensaft
2 EL Mehl
¼ TL gemahlener Kreuzkümmel
2 TL Butter

RAFFINIERT

Für 4 Portionen
45 Min. Zubereitungszeit
1 Std. Einweichzeit
Pro Portion ca. 530 kcal,
49 g E, 13 g F, 56 g KH

1. Die Linsen in eine Schüssel geben, mit kaltem Wasser bedecken und ca. 1 Std. einweichen. Die Linsen anschließend abgießen, kalt abspülen und in einen Topf geben. Mit Wasser bedecken, das Lorbeerblatt zugeben und 25 – 30 Min. bissfest garen.

2. Den Granatapfel halbieren. Aus einer Hälfte die Kerne herauslösen, zur Seite stellen. Die andere Hälfte mithilfe einer Zitruspresse auspressen (Achtung, spritzt!) und 5 EL Saft auffangen. Für das Dressing den Saft mit dem Honig in einem kleinen Topf aufkochen und auf ca. 2 EL einkochen lassen. Die Flüssigkeit mit dem Essig, Salz und Pfeffer verquirlen und das Öl unterschlagen.

3. Die Mango schälen, das Fruchtfleisch vom Stein schneiden und klein würfeln. Die Zwiebel schälen und in feine Ringe schneiden oder hobeln. Den Dill waschen, trocken schütteln und die Spitzen fein schneiden. Die Linsen abgießen und noch warm mit dem Dressing mischen. Etwas abkühlen lassen, dann die Mango, die Zwiebel, den Dill und die Granatapfelkerne unterheben. Ca. 20 Min. durchziehen lassen.

4. Den Fisch mit Zitronensaft beträufeln, mit Salz und Pfeffer würzen. Das Mehl mit dem Kreuzkümmel mischen. Den Fisch darin wenden, überschüssiges Mehl abklopfen. Die Butter in einer beschichteten Pfanne erhitzen. Die Fischfilets darin pro Seite ca. 3 Min. bei nicht zu starker Hitze braten. Den Salat nochmal durchrühren und abschmecken. Den Fisch darauf anrichten.

1 Zwiebel
2 Knoblauchzehen
1 EL Olivenöl
300 g Rinderhackfleisch
Salz, Pfeffer und Koriandergrün
1 TL brauner Zucker
½ TL Zimt
1 – 2 TL Chilipulver
1 TL Kreuzkümmel
1 EL Tomatenmark
2 Dosen stückige Tomaten (à 400 g)
2 Lorbeerblätter
1 Dose Kidneybohnen
½ reife Mango
100 g Schmand (oder saure Sahne)
1 rote Chilischote

CHILI CON CARNE

PARTY-HIT

Für 4 Portionen
30 Min. Zubereitungszeit
Pro Portion ca. 455 kcal,
30 g E, 20 g F, 37 g KH

1. Die Zwiebel und den Knoblauch schälen und würfeln. Das Öl in einem Topf erhitzen. Die Zwiebel darin andünsten. Das Hackfleisch darin unter Wenden krümelig anbraten. Den Knoblauch unterrühren, kurz mitbraten. Mit Salz, Pfeffer, Zucker, Zimt, Chili und Kreuzkümmel würzen. Das Tomatenmark einrühren, kurz anrösten. Mit den stückigen Tomaten ablöschen. Lorbeerblätter zugeben, aufkochen und ca. 10 Min. köcheln lassen.

2. Die Bohnen in ein Sieb abgießen, kalt abspülen und gut abtropfen lassen. Unter die Sauce rühren und weitere ca. 5 Min. köcheln lassen.

3. Mango schälen, das Fruchtfleisch vom Stein schneiden, grob würfeln und mit dem Schmand pürieren. Den Dip mit Salz und Pfeffer würzen. Das Chili abschmecken und mit jeweils einem Klecks Dip anrichten. Mit Koriander und Chili garnieren, übrigen Dip extra dazu servieren.

450 g TK-Dicke-Bohnen
1 Dose Kichererbsen (265 g Abtropfgewicht)
2 rote Spitzpaprika
3 Frühlingszwiebeln
½ Salatgurke
2 EL Zitronensaft
3 EL Olivenöl
1 gehäufter TL Harissa (scharfe Würzpaste)
Salz und Pfeffer
½ Bund Minze
200 g Schafskäse (Feta)
100 g Joghurt
300 g Hähnchenbrustfilets
50 g geschälter Sesam

ORIENT-BOWL MIT SESAM-HÄHNCHEN

GLÜCKSREZEPT

Für 4 Portionen
45 Min. Zubereitungszeit
Pro Portion ca. 535 kcal,
39 g E, 31 g F, 25 g KH

1. Die gefrorenen Bohnenkerne in reichlich Wasser aufkochen und 7 – 8 Min. garen. Kichererbsen abgießen, abspülen und gut abtropfen lassen. Paprika in schmale Streifen schneiden. Die Frühlingszwiebeln putzen, waschen und in schmale Röllchen schneiden. Die Gurke streifig schälen, waschen, längs halbieren und die Kerne mit einem Löffel herauskratzen. Fruchtfleisch in schmale Scheiben schneiden. Die Bohnenkerne abgießen, kalt abschrecken, kurz abkühlen lassen und aus den Häutchen drücken. Den Zitronensaft mit 1 EL Öl und Harissa glatt rühren. Mit Salz abschmecken. Kichererbsen und Bohnenkerne untermischen.

2. Für den Dip die Minze waschen, trocken schütteln, von den Stielen zupfen und die Blätter fein hacken. Den Feta zerbröckeln und mit dem Joghurt glatt pürieren. Die Minze unterheben, mit Salz und Pfeffer abschmecken.

3. Die Hähnchenfilets waschen, trocken tupfen und in schmale Scheiben schneiden. Von beiden Seiten salzen und pfeffern und in Sesam wälzen. 2 EL Öl in einer beschichteten Pfanne erhitzen. Hähnchen darin bei nicht zu starker Hitze pro Seite in 5 Min. goldbraun braten. Je ein Viertel des Kichererbsen-Mix, der Paprika, der Frühlingszwiebeln, der Gurke und des Dips dekorativ in Portionsschüsseln geben. Die Sesam-Hähnchen darauf verteilen und servieren.

POWERPERLEN

Sie sind klein, stecken voller Energie und liegen im Trend:
Couscous, Quinoa & Co. sind die neuen Lifestyle-Zutaten,
mit denen man blitzschnell frischen Wind in die
Alltagsküche bringt. Lassen Sie sich überraschen,
wie abwechslungsreich man mit den kleinen
Energieperlen kochen kann!

KÖRNERKOCHTIPPS

Die trendigen Getreidekörner eignen sich hervorragend für die schnelle Küche. Im Wesentlichen ist die Zubereitung bei allen Körnerexoten gleich, lediglich die Wassermengen, Koch- und Quellzeiten variieren.

Quinoa zubereiten

150 g Quinoa in ein Sieb geben und mit heißem Wasser waschen, um die Bitterstoffe herauszulösen (Bild rechts). In einem Topf 375 ml Wasser (Wasser und Quinoa im Verhältnis 2,5 zu 1) mit etwas Salz zum Kochen bringen. Die Quinoakörner in das kochende Salzwasser geben und zugedeckt 15 Min. bei mittlerer Hitze köcheln lassen. Anschließend zugedeckt bei ausgeschalteter Herdplatte 10 Min. ausquellen lassen.

Hirse zubereiten

125 g Hirse in ein Sieb geben und mit heißem Wasser waschen, um die Bitterstoffe heraus-

zulösen. In einem Topf 250 ml Wasser (Wasser und Hirse im Verhältnis 2 zu 1) mit etwas Salz zum Kochen bringen. Die Hirse in das kochende Salzwasser geben und 5 Min. zugedeckt bei mittlerer Hitze köcheln lassen. Anschließend 10 Min. zugedeckt bei geringer Hitze ausquellen lassen.

Quellen statt kochen

Quellen lassen bedeutet, dass die getrockneten Körner mit Wasser ausquellen, also Wasser aufnehmen, um gar zu werden. Bei dieser Methode wird nur so viel Flüssigkeit wie nötig verwendet, damit keine wertvollen Vitamine und

Mineralstoffe mit dem überschüssigen Koch-
wasser weggeschüttet werden.

Schnell zur Hand: vorgekochte Körner

Mit gekochten Körnern und wenigen weiteren
Zutaten lässt sich rasch ein Salat oder Pfannen-
gericht zaubern. Mein Tipp: Bei der Zubereitung eines Gerichtes die doppelte Körnermen-
ge kochen und die Hälfte bis zu drei Tagen im
Kühlschrank lagern.

Gewürztes Körnergut

Die Exoten kann man bereits beim Kochen
raffiniert aromatisieren: Dafür die Gewürze,
z. B. Zimtstange, Kardamom, Koriander oder
Pfeffer, von Anfang an mit in die Kochflüssigkeit

geben – so nehmen die Körner den Geschmack
intensiver auf (Bild links unten). Oder: Statt
Salzwasser je nach anschließender Weiterverwendung Gemüsebrühe oder Gemüse- bzw.
Obstsäfte zum Garen verwenden.

Amaranth- und Quinoamehl

Amaranth- und Quinoamehl sind leider noch
schwer erhältlich. Manche Läden bieten ihren
Kunden die Möglichkeit, ganze Körner mahlen
zu lassen. Die kleinen Körner lassen sich aber
auch problemlos in einem Universalzerkleine-
rer in kleinen Portionen zu Mehl verarbeiten.

BUCHWEIZENBÄLLCHEN AUF GURKENSALAT

Für die Buchweizenbällchen:
1 Zwiebel
1 EL Olivenöl
60 g Buchweizen
Salz
1 unbehandelte Limette
1 TL Pimentkörner
30 g alter Gouda
70 g Doppelrahmfrischkäse
bunter Pfeffer
8 EL Schnittlauchröllchen

Für den Gurkensalat:
je 1 kleines Bund Kerbel, glatte
Petersilie und Basilikum
2 Frühlingszwiebeln
3 kleine Minigurken
2 TL (Dijon-)Senf
5 EL Olivenöl
1 – 2 EL Aceto balsamico bianco
1 – 2 TL Honig
Salz
bunter Pfeffer

GELINGT LEICHT

Für 4 Personen
30 Min. Zubereitung
Pro Portion ca. 310 kcal,
6 g E, 23 g F, 20 g KH

1. Für die Buchweizenbällchen die Zwiebel schälen und sehr fein würfeln. Das Olivenöl in einem Topf erhitzen und die Zwiebelwürfel darin glasig dünsten. Den Buchweizen hinzufügen und mit 120 ml Wasser ablöschen. Mit Salz würzen und zum Kochen bringen. Den Buchweizen zugedeckt 18 – 20 Min. köcheln lassen, dann in eine Schüssel umfüllen und abkühlen lassen.

2. Inzwischen die Limette waschen und die Schale abreiben. Die Pimentkörner im Mörser fein zerstoßen. Den Gouda fein reiben. Den abgekühlten Buchweizen mit einer Gabel auflockern. Frischkäse, Gouda, Limettenschale, Piment, bunten Pfeffer und Salz zum Buchweizen geben und alles gut vermischen. Den Schnittlauch auf einen Teller geben. Aus der Buchweizenmasse mit den Händen kleine Bällchen formen und diese anschließend in den Schnittlauchröllchen wälzen.

3. Für den Gurkensalat die Kräuter waschen und trocken schütteln. Die Blättchen von den Stielen zupfen. Die Frühlingszwiebeln putzen, waschen und in sehr feine Ringe schneiden. Die Gurken waschen und mitsamt der Schale der Länge nach mit einem Sparschäler in breite Streifen schneiden.

4. Den Senf mit Olivenöl, Aceto balsamico, 3 EL Wasser, Honig, etwas Salz und buntem Pfeffer verrühren. Die Vinaigrette vorsichtig mit den Gurkenstreifen, den Kräutern und den Frühlingszwiebelringen mischen. Den Gurkensalat mit den Buchweizenbällchen auf Tellern anrichten.

200 g Hirse
Salz
60 g Mandeln
350 g kleine Datteltomaten
4 kleine Feigen
150 g Schafskäse (Feta)
je 1 Bund Schnittlauch, Dill,
glatte Petersilie und Minze (ersatzweise
andere zarte Kräuter, z. B. Estragon)
3 EL Aceto balsamico bianco
6 EL Olivenöl, bunter Pfeffer

HIRSE-KRÄUTER-SALAT

GENIESSERSALAT

Für 4 Personen
30 Min. Zubereitung
Pro Portion ca. 530 kcal
16 g E, 32 g F, 43 g KH

1. Wasser waschen. Dann die Hirse mit 400 ml Wasser in einen Topf geben und leicht salzen. Alles zum Kochen bringen und bei mittlerer Hitze 5 Min. zugedeckt leicht köcheln lassen. Anschließend die Hirse bei schwacher Hitze 10 – 12 Min. zugedeckt ausquellen lassen. In eine Schüssel umfüllen und abkühlen lassen.

2. Die Mandeln grob hacken und in einer kleinen Pfanne ohne Fett rösten. Die Tomaten waschen und halbieren. Die Feigen waschen und in Spalten schneiden. Den Schafskäse in Stücke bröckeln. Die Kräuter waschen und trocken schütteln. Den Schnittlauch in Röllchen schneiden, von den restlichen Kräutern die Blätter grob zupfen.

3. Den Aceto balsamico mit Olivenöl, etwas Salz und buntem Pfeffer verrühren. Die Hirse mit Tomaten, Feigen, Kräutern und der Vinaigrette in eine Schüssel geben und vorsichtig vermischen. Den Schafskäse und die gerösteten Mandeln darübergeben und den Salat mit etwas Pfeffer bestreuen.

125 g Buchweizen
Salz und Pfeffer
120 g Manchego (spanischer Hartkäse, ersatzweise Bergkäse oder Parmesan)
100 g Rucola
50 g Haselnussblättchen
(ersatzweise gehackte Haselnüsse)
1 Pink Grapefruit
6 EL Haselnussöl
3 EL Cranberryessig (ersatzweise Cassisessig)
2 Rote Beten
2 säuerliche Äpfel
50 g getrocknete Cranberrys
einige Rote-Bete-Blätter (nach Belieben)

BUCHWEIZENSALAT MIT ROTER BETE

FRUCHTIG FRISCH

Für 4 Personen
1 Std. Zubereitung
Pro Portion ca. 575 kcal
13 g E, 33 g F, 55 g KH

1. Den Buchweizen in reichlich kochendem Salzwasser zugedeckt ca. 25 Min. garen. Inzwischen den Manchego grob hobeln. Den Rucola putzen, waschen und trocken schleudern. Die Haselnussblättchen in einer kleinen Pfanne ohne Fett rösten und abkühlen lassen.

2. Die Grapefruit halbieren und den Saft auspressen. Haselnussöl, Grapefruitsaft, Cranberryessig, Salz und Pfeffer zu einer Vinaigrette verrühren. Den fertig gegarten Buchweizen in ein Sieb abgießen, abtropfen und abkühlen lassen.

3. Inzwischen die Roten Beten schälen und in sehr feine Scheiben hobeln. Die Äpfel waschen und das Kerngehäuse mit einem Kernausstecher herauslösen. Die Äpfel ebenfalls in feine Scheiben hobeln, sodass Apfelringe entstehen.

4. Den Buchweizen mit Rucola, Roter Bete, Apfelscheiben, Cranberrys und der Vinaigrette in einer Schüssel vorsichtig vermischen. Den Salat mit gehobeltem Manchego sowie gerösteten Haselnussblättchen und nach Belieben mit einigen Rote-Bete-Blättern garnieren.

2 Schalotten
1 walnussgroßes Stück Ingwer
40 g Butter
150 g Perlgraupen
350 g Süßkartoffeln
2 reife Papayas
2 gestrichene EL scharfes
Currypulver
Salz und Pfeffer
4 Kaffir-Limettenblätter
(Asiaabteilung)
400 ml Kokosmilch
6 EL gehackter Koriander

SÜSSKARTOFFELSUPPE

EXOTISCHER GENUSS

Für 4 Personen
35 Min. Zubereitung
Pro Portion ca. 510 kcal,
8 g E, 27 g F, 50 g KH

1. Die Schalotten und den Ingwer schälen und fein würfeln. 20 g Butter in einem Topf erhitzen, Schalotten und Ingwer darin glasig dünsten. Die Graupen kurz mitdünsten. Mit 450 ml Wasser ablöschen und zugedeckt 25 – 30 Min. köcheln lassen.

2. Inzwischen die Süßkartoffeln schälen und grob würfeln. Die Papayas schälen, halbieren, entkernen und ebenfalls grob würfeln. Die restliche Butter in einem Topf erhitzen und die Süßkartoffeln darin andünsten. Mit Currypulver, etwas Salz und Pfeffer würzen. Kaffir-Limettenblätter, Kokosmilch und 350 ml Wasser hinzufügen und alles zugedeckt 6 – 7 Min. köcheln lassen.

3. Die Papayastücke dazugeben und alles 5 Min. weiterköcheln lassen. Dann die Limettenblätter entfernen. Die Suppe mit dem Stabmixer pürieren und kräftig mit Salz und Pfeffer abschmecken. Die Graupen mit dem gehackten Koriander mischen und mit der Suppe servieren.

150 g Quinoa
Salz
350 g Möhren
100 g mittelalter Gouda
10 g Ingwer
2 Eier
5 EL Schnittlauchröllchen
2 TL scharfes Currypulver
200 g Schmand
150 g Joghurt
2 TL abgeriebene
Bio-Limettenschale
4 EL gehackter Koriander
Olivenöl für das Backblech

QUINOA-MÖHREN-PUFFER

EINFACHE ZUBEREITUNG

Für 4 Personen
25 Min. Zubereitung
20 Min. Backen
Pro Portion ca. 420 kcal,
18 g E, 25 g F, 29 g KH

1. Die Quinoakörner in ein Sieb geben und mit heißem Wasser waschen. In einem Topf 375 ml Wasser mit etwas Salz zum Kochen bringen. Die Quinoakörner dazugeben, ca. 20 Min. bei mittlerer Hitze köcheln und anschließend ohne Hitzezufuhr 5 Min. ausquellen lassen. Quinoa in ein Sieb abgießen und abtropfen lassen.

2. Inzwischen die Möhren putzen, schälen, auf der Gemüsereibe grob raspeln und den Saft ausdrücken. Den Gouda grobreiben. Den Ingwer schälen und fein würfeln. Möhrenraspel mit Quinoa, Ingwer, Eiern, Schnittlauchröllchen und Gouda in einer Schüssel vermischen und kräftig mit Currypulver und Salz würzen.

3. Den Backofen auf 180° (Umluft) vorheizen und zwei Backbleche mit Olivenöl fetten. Aus der Quinoamasse 16 Puffer auf dem Backblech formen. Dafür je 2 EL Teig auf das Blech setzen und zu einem Puffer von ca. 10 cm Ø flach drücken. Die Puffer im Backofen (Mitte) 20 Min. goldbraun backen. Inzwischen den Schmand mit dem Joghurt, der Limettenschale, dem Koriander und etwas Salz verrühren. Den Dip zu den noch warmen Quinoa-Möhren-Puffern servieren.

KÜRBISEINTOPF MIT AMARANTHKLÖSSCHEN

Für den Eintopf:
2 Zwiebeln
1,2 kg Butternutkürbis
1 Bund Majoran
1 Bio-Zitrone
3 EL Olivenöl
Salz und Pfeffer

Für die Klößchen:
50 g mittelalter Gouda
2 Eier
Salz
1 Bund Schnittlauch
5 EL gehackte Petersilie
50 g gepuffter Amaranth
(Amaranthpops)
60 g Butter

Außerdem:
3 kleine säuerliche Äpfel

EINFACH KÖSTLICH

Für 4 Personen
40 Min. Zubereitung
Pro Portion ca. 405 kcal,
11 g E, 28 g F, 26 g KH

1. Die Zwiebeln schälen und würfeln. Den Kürbis in dicke Scheiben schneiden, die Kerne mit einem Esslöffel entfernen und den Kürbis schälen. Das Fruchtfleisch grob würfeln. Den Majoran waschen, trocken schütteln und die Blättchen von den Stielen zupfen. Die Zitrone heiß waschen und die Schale fein abreiben.

2. Das Öl in einem Topf erhitzen und die Zwiebelwürfel darin glasig dünsten. Das Kürbisfruchtfleisch hinzufügen und kurz mitdünsten. 1 l Wasser dazugeben, mit der Hälfte des Majorans, Salz, Pfeffer und 2 TL Zitronenschale würzen. Den Eintopf zugedeckt 10 Min. bei mittlerer Hitze köcheln lassen.

3. Für die Klößchen den Gouda reiben. Die Eier trennen. Die Eiweiße mit etwas Salz steif schlagen und Schnittlauch, Petersilie, Gouda, Eigelbe sowie den Amaranth unterheben. 30 g Butter in einer Pfanne erhitzen. Aus der Klößchenmasse mithilfe von zwei Teelöffeln kleine Nocken abstechen und diese in der Butter rundherum 4 – 5 Min. hellbraun braten. Aus der Pfanne nehmen und auf Küchenpapier abtropfen lassen.

4. Die Äpfel waschen, vierteln und das Kerngehäuse entfernen. Die Äpfel in dünne Spalten schneiden. Die restliche Butter in einer Pfanne erhitzen und die Apfelspalten mit den restlichen Majoranblättchen 3 Min. darin braten. Die Amaranthklößchen und die Apfelspalten in den Eintopf geben und sofort servieren.

500 g rotstieliger Mangold
3 Frühlingszwiebeln
10 Eier
100 g Schmand
Salz und Pfeffer
2 TL abgeriebene Bio-Limettenschale
4 EL Olivenöl
3 EL gehackter Oregano
70 g gepuffter Amaranth
150 g Feta (Schafskäse)
50 g Haselnussblättchen

MANGOLDFRITTATA MIT FETA

SCHMECKT AUCH KALT

Für 8 Stücke
15 Min. Zubereitung
ca. 18 Min. Backen
Pro Portion ca. 305 kcal,
15 g E, 24 g F, 7 g KH

1. Den Mangold waschen und putzen. Die Stiele abschneiden und in grobe Stücke schneiden, die Mangoldblätter in feine Streifen schneiden. Die Frühlingszwiebeln waschen, putzen und in Ringe schneiden. Die Eier mit Schmand, etwas Salz und Pfeffer sowie der Limettenschale in eine Schüssel geben und mit dem Schneebesen verrühren.

2. Den Backofen auf 200° vorheizen. Das Öl in einer beschichteten Pfanne erhitzen und die Mangoldstiele darin 5 Min. kräftig anbraten. Zwiebelringe, Mangoldblätter und Oregano dazugeben und kurz mitbraten. Mit Salz und Pfeffer würzen.

3. Die Eiermasse mit dem Amaranth vermischen und über das Gemüse gießen. Den Schafskäse darüberbröckeln und mit den Haselnussblättchen bestreuen. Die Frittata im Backofen (Mitte, Umluft 180°) 15 – 18 Min. stocken lassen.

100 g Buchweizen
350 g Süßkartoffeln
1 gelbe Paprikaschote
3 EL Olivenöl
5 TL gehackter Salbei
Salz und Pfeffer
10 Eier
150 g Ziegenfrischkäse
60 g Butterschmalz
1 Handvoll Basilikumblättchen

BUCHWEIZEN-GEMÜSE-OMELETTS

WÜRZIG-FEIN

Für 4 Omeletts
50 Min. Zubereitung
Pro Portion ca. 675 kcal,
27 g E, 46 g F, 37 g KH

1. Den Buchweizen in ein Sieb geben und mit heißem Wasser waschen. Mit 200 ml Wasser und etwas Salz in einem Topf zum Kochen bringen und zugedeckt 20 Min. köcheln lassen. Die Süßkartoffeln schälen und fein würfeln. Die Paprikaschote halbieren, putzen, waschen und fein würfeln.

2. Das Olivenöl in einer Pfanne erhitzen. Süßkartoffeln, Paprika und Salbei darin bei mittlerer Hitze rundherum 5 – 6 Min. anbraten. Den Buchweizen in ein Sieb abgießen und in die Pfanne geben. Mit Salz und Pfeffer würzen.

3. Die Eier trennen. Die Eigelbe mit dem Ziegenfrischkäse und etwas Pfeffer verrühren. Eiweiße steif schlagen und unter die Eigelb-Ziegenkäse-Masse heben.

4. In einer beschichteten Pfanne (20 cm Ø) etwas Butterschmalz erhitzen und nacheinander 4 Omeletts backen. Dafür jeweils ein Viertel der Eiermasse in die Pfanne geben und ein Viertel der Gemüse-Buchweizen-Masse darauf verteilen. Das Omelett bei mittlerer Hitze 3 – 4 Min. backen, bis es an der Oberfläche zu stocken beginnt, dann wenden und in weiterer 3 – 4 Min. fertig backen. Zum Servieren mit Basilikumblättchen bestreuen.

SUPERFOODS

Superfoods sind das i-Tüpfelchen auf unserem Teller.
Denn sie strotzen nur so vor wertvollen Inhaltsstoffen
und tragen zu unserem Wohlbefinden bei. Die folgenden
Rezepte zeigen, dass es noch ein bisschen gesünder geht.

NATÜRLICHE POWER

Leicht verdauliches Eiweiß, Ballaststoffe, hochwertiges Fett, Vitamine, Mineralien und sekundäre Pflanzeninhaltsstoffe: Die Liste an Gesundem in Superfood ist lang. Aber nicht nur die gesunden Inhaltsstoffe, sondern vor allem die enormen Mengen davon machen ihren besonderen Wert aus.

Auch wenn die Forschung zu den positiven Effekten von Superfoods noch am Anfang steht, ist jetzt schon klar, dass diese pflanzlichen Lebensmittel voll gepackt sind mit Stoffen, die unsere Abwehrkräfte und Nerven stärken und schädliche Einflüsse abwehren. Sie können uns stark machen gegen Krankheiten wie Krebs, Herz-Kreislauf-Erkrankungen, Demenz oder Diabetes. Außerdem wirken sie als Beautyfood, indem sie für tolle Haare, Haut und Nägel sorgen und machen es uns als gute Sattmacher oder Appetitzügler leichter, unser Gewicht in Balance zu halten.

Exotisches und Altbekanntes

Eine offizielle Definition dafür, was ein Superfood ist, gibt es nicht. Je nach Betrachtungsweise werden daher mehr oder weniger bestimmte Lebensmittel dazugezählt. Während exotische Lebensmittel wie Chiasamen, Gojibeeren oder Quinoa bei uns noch nicht lange bekannt sind, werden sie in ihren Herkunftsländern schon seit Jahrtausenden als Lebens- und Heilmittel genutzt. Neben diesen neuen Trend-Superfoods haben auch alte Bekannte wie Heidelbeeren, Grünkohl, Spinat, Walnusskerne oder Leinsamen Superkräfte.

Ausgewogene Ernährung

Es reicht nicht, morgens mit einem Müsli mit Superfoods zu starten. Auch den restlichen Tag muss man gesund leben, mit Bewegung, ausgewogener Ernährung und Entspannung. Um sich super zu ernähren, braucht es also etwas mehr als nur Superfoods. Denn auch wenn uns schon kleine Mengen davon mit einer ganzen Batterie an Nährstoffen versorgen, entfalten sie ihre Wirkung am besten als Bestandteil einer ausgewogenen Ernährung mit viel Gemüse, Vollkornprodukten, Hülsenfrüchten, magerem Eiweiß aus Fleisch, Fisch, Eiern, Milchprodukten, Soja- oder Lupinenprodukten, Nüssen, Kernen, Avocados und Pflanzenölen.

Am besten natürlich

Es gibt unzählige Nahrungsergänzungsmittel, die Superfoods enthalten. Am wirkungsvollsten sind sie aber in möglichst natürlicher Form als Lebensmittel. Damit die Produkte auch lange frisch und ihre Wirkstoffe erhalten bleiben, getrocknete Früchte, Pulver, Getreide, Nüsse und Samen in gut schließende Behälter füllen und kühl und dunkel aufbewahren. Die frischen Superfoods wie etwa Grünkohl oder Heidelbeeren möglichst erst kurz vor dem Verzehr kaufen und bis zur Verwendung kühl aufbewahren. So werden vor allem sehr empfindliche Vitamine wie Vitamin C oder Folsäure geschont.

Gerichte aufpeppen

Viele Superfoods gibt es als Extrakte: Das ist einfach praktisch: Mit ein, zwei Teelöffeln eines Pulvers lässt sich jeder Smoothie und jedes Joghurt aufwerten. Auch in Saucen, auf Salaten oder selbst beim Backen können sie eingesetzt werden. Sie können also allen Rezepten in die-

sem Buch selbst etwas hinzufügen, beispielsweise Chia-Samen, Gerstengras, Mikroalgen oder Hanfsamen und so Ihren Speiseplan erweitern. In diesem Kapitel haben wir die Zutaten bereits ins Rezept mit aufgenommen, um Ihnen besonders trendiges, wertvolles Essen für die Essenspause zwischendurch zu empfehlen.

SCHNELLE LINSEN-CHIA-FALAFEL

Für Falafel und Sauce:
1 TL Chiasamen
65 g braune Linsen aus der Dose
2 Stiele Koriandergrün
½ Bio-Zitrone
2 EL Joghurt
1 EL helles Tahin (Sesampaste)
Salz und Pfeffer
1 EL (Vollkorn-)Semmelbrösel
25 g Magerquark
3 Msp. gemahlener Kreuz-
kümmel
1 EL Rapsöl

Außerdem:
140 g eingelegtes Grillgemüse
(aus dem Glas, z. B. Paprika,
Zucchini, Zwiebel oder
gemischte Antipasti)
1 Vollkorn-Pitatasche

SUPERFOOD-SNACK

Für 1 Person
45 Min. Zubereitung
Pro Portion ca. 480 kcal,
14 g E, 24 g F, 49 g KH

1. Die Chiasamen in 2 EL Wasser ca. 15 Min. quellen lassen. Inzwischen die Linsen abgießen, abbrausen und abtropfen lassen. Koriandergrün waschen, trocken schütteln und die Blättchen abzupfen. Die Zitrone waschen und trocken reiben, die Hälfte der Schale abreiben. Für die Sauce Joghurt mit Tahin glatt rühren. Mit 1 großzügigen Spritzer Zitronensaft, Salz und Pfeffer würzen. In eine gut schließende Dose oder ein Glas füllen und kalt stellen.

2. Die Linsen mit gequollenen Chiasamen, Korianderblättchen, Semmelbröseln, Quark, Kreuzkümmel, Zitronenschale, etwas Salz und Pfeffer zu einer glatten Masse pürieren. Aus der Masse 2 – 3 kleine Bratlinge formen. Dazu je ca. 2 EL von der Masse zu flachen Talern formen. Das Öl in einer beschichteten Pfanne erhitzen. Die Bratlinge darin pro Seite 10 – 12 Min. braten, zuerst bei mittlerer Hitze, dann bei kleiner Hitze. Die Falafel abkühlen lassen und in einer Lunchbox kalt stellen.

3. Das Grillgemüse abtropfen lassen. Falafel, Sauce, Gemüse und Brot getrennt verpackt mitnehmen. Nach Belieben und Möglichkeit das Brot vor dem Servieren toasten und die Falafel in der Mikrowelle bei 600 Watt ca. 1 Min. erwärmen. Brot aufschneiden, mit Falafel und Gemüse füllen. Etwas Sauce darüber träufeln und den Rest extra dazu servieren.

TIPP
Bereiten Sie gleich die doppelte Menge Falafel zu. Im Kühlschrank bleiben sie bis zu 3 Tage frisch, im Tiefkühlfach bis zu 3 Monate. Bei Bedarf tiefgekühlte Falafel über Nacht bei Zimmertemperatur auftauen lassen.

150 g gemischtes Gemüse
(z. B. Möhren, Zucchini,
Paprikaschote, Fenchel oder Erbsen)
¼ Bund Schnittlauch
2 Bio-Eier
Salz und Pfeffer
3 mittelgroße Tomaten
1 grüne Chilischote
2 TL getrocknete Gojibeeren
2 TL Limettensaft
2 Msp. Cayennepfeffer
2 TL frisch
geriebener Parmesan
Öl zum Einfetten

MINI-FRITTATAS MIT *GOJISALSA*

LOW-CARB

Für 1 Person
25 Min. Zubereitung
30 Min. Kühlen
Pro Portion ca. 260 kcal,
19 g E, 14 g F, 14 g KH

1. Den Backofen auf 190° vorheizen. Das Gemüse sehr klein würfeln oder grob raspeln. Den Schnittlauch waschen, trocken schütteln und in feine Röllchen schneiden. Die Eier mit Salz und Pfeffer verquirlen, Schnittlauchröllchen unterrühren. Drei Mulden eines Muffinblechs mit Öl einfetten. Das Gemüse in die Mulden geben. Die Eiermasse darübergießen. Im Ofen ca. 12 Minuten backen.

2. Für die Salsa die Tomaten waschen und in Viertel schneiden, entkernen und sehr klein würfeln. Die Chilischote halbieren, Kerne entfernen und fein würfeln. Beides mit Gojibeeren und Limettensaft mischen. Mit Salz und Cayennepfeffer würzen. Salsa mindestens 30 Min. kalt stellen.

3. Den Parmesan auf den Frittatas verteilen. Die Frittatas unter dem heißen Backofengrill 1 – 2 Min. gratinieren. Die Frittatas herausnehmen und auskühlen lassen. Anschließend vorsichtig aus der Form lösen und in einen gut schließenden Behälter packen. Die Frittatas bis zum Servieren kalt stellen.

100 g glutenfreie Haferflocken
50 g Reismehl
50 g Mandelmehl (ersatzweise
gemahlene Mandeln)
1 EL geschrotete Leinsamen
Salz u. Pfeffer
75 g kalte Butter
1 kleine Stange Lauch
200 g Babyspinat
1 EL Rapsöl
25 g gehackte Walnusskerne
3 Eier
100 ml Milch
150 g Schafskäse (Feta)
frisch geriebene Muskatnuss

GEMÜSE-QUICHE

GLUTENFREI

Für 4 Stücke
40 Min. Zubereitung
35 Min. Backen
Pro Stück ca. 565 kcal,
25 g E, 38 g F, 27 g KH

1. Die Flocken im Blitzhacker mahlen. Mit Reis-, Mandelmehl, Leinsamen, ½ TL Salz, Butter und 3 – 4 EL Wasser mit den Händen zu einem glatten Teig verkneten. Den Teig in eine Springform (26 cm Ø) geben und mit den Fingern auf den Boden der Form drücken, dabei einen kleinen Rand hochziehen. Den Teig ca. 30 Min. kalt stellen.

2. Backofen auf 180° vorheizen. Den Lauch putzen, gründlich waschen und in Ringe schneiden. Den Spinat putzen, waschen und grob hacken. Das Öl in einer Pfanne erhitzen. Den Lauch darin ca. 5 Min. andünsten. Den Spinat dazugeben und 1 – 2 Min. mitdünsten. Die Nüsse untermischen, das Gemüse mit Salz und Pfeffer würzen.

3. Teigboden mehrfach einstechen. Im Ofen (Mitte) ca. 10 Min. vorbacken. Eier mit Milch und Schafskäse pürieren. Mit Salz, Pfeffer und Muskat würzen. Die Form herausnehmen. Erst die Füllung, dann den Guss auf den Teig geben. Die Quiche weitere 30 – 35 Min. backen. Aus dem Ofen nehmen, auskühlen lassen und vierteln. Gekühlt bleibt sie ca. 3 Tage frisch. Dazu passen Kirschtomaten.

REGENBOGENSALAT

Für den Salat:
30 g Vollkorn-Bulgur
Salz
30 g Babygrünkohl (ersatzweise Babyspinat)
1 Möhre
½ gelbe Paprikaschote
50 g Dattel- oder Kirschtomaten
100 g frischer Rotkohl
1 Bio-Ei
4 Stiele glatte Petersilie
1 TL geröstete Haselnusskerne

Für das Dressing:
¼ Avocado
50 ml Kefir (ersatzweise Joghurt)
3 TL Zitronensaft
1 gute Msp. Chlorellapulver (ersatzweise Spirulinapulver)
Salz und Pfeffer

VITAMINBOMBE

Für 1 Person
30 Min. Zubereitung
Pro Portion ca. 415 kcal,
18 g E, 20 g F, 38 g KH

1. Den Bulgur nach Packungsanweisung in Salzwasser bissfest garen. Inzwischen den Grünkohl waschen und trocken schütteln. Die Möhre putzen, schälen und grob raspeln. Die Paprikaschote putzen, waschen und in kleine Würfel schneiden. Die Tomaten waschen, trocken tupfen und halbieren. Den Rotkohl waschen, putzen und den Strunk entfernen, den Kohl in sehr feine Streifen schneiden oder hobeln. Das Ei in ca. 10 Min. hart kochen. Dann die Petersilie waschen, trocken schütteln und hacken.

2. Für das Dressing das Fruchtfleisch der Avocado aus der Schale lösen. Mit Kefir, Zitronensaft und Algenpulver pürieren. Eventuell etwas Wasser dazugeben. Das Dressing salzen, pfeffern und gut verschlossen in einem Schraubglas kalt stellen.

3. Bulgur abgießen, abtropfen lassen. Nüsse grob hacken und mit Petersilie unter den Bulgur heben. Salat in ein Schraubglas (mindestens 400 ml Inhalt) schichten. Zuerst den Bulgur einfüllen. Darauf nacheinander Möhre, Rotkohl, Paprika, Grünkohl und die Tomaten einschichten. Das Glas verschließen und den Salat kalt stellen. So hält er sich bis zum nächsten Tag.

4. Salat, Dressing und das ungepellte Ei getrennt mitnehmen. Zum Servieren den Salat in eine Schüssel geben. Das Ei pellen, in Achtel schneiden und mit dem Dressing auf den Salat geben.

TIPP

Das Gemüse können Sie nach Lust und Laune austauschen – je bunter, desto mehr verschiedene Vitalstoffe sind drin. Statt Bulgur verwenden Sie die gleiche Menge Hülsenfrüchte aus der Dose, gegarten Couscous, Quinoa oder Nudeln.

ASIA-SUPPE AUS DEM GLAS

30 g Glasnudeln
200 g gemischtes Gemüse
(z. B. Brokkoli, Bohnen, Kohl,
Fenchel, Paprikaschote, Pilze,
Frühlingszwiebeln, Möhren,
Staudensellerie)
Salz
50 g gegartes Hähnchenfleisch
(z. B. vom Vortag)
2 TL Misopaste (Asialaden)
1 EL Sojasauce
1 Spritzer Limettensaft
1 Msp. Kurkumapulver
1 dünne Scheibe Ingwer

Außerdem:
Sojasauce (nach Belieben)
Limettensaft (nach Belieben)
Koriandergrün (nach Belieben)

5-MINUTEN-TERRINE

Für 1 Person
20 Min. Zubereitung
Pro Portion ca. 250 kcal,
17 g E, 4 g F, 35 g KH

1. Die Glasnudeln nach Packungsanweisung einweichen und garen, dann abgießen und abtropfen lassen. Das Gemüse je nach Sorte waschen, putzen, schälen und in mundgerechte Stücke schneiden. Feste Sorten wie Möhren oder Kohl grob raspeln oder in sehr feine Streifen schneiden. Brokkoli in Salzwasser bissfest garen, herausnehmen und abkühlen lassen. Bohnen in Salzwasser garen, herausnehmen und abkühlen lassen. Das Hähnchenfleisch klein schneiden. Alles in ein großes Schraubglas oder in einen hitzebeständigen Behälter füllen.

2. Die Misopaste mit Sojasauce, Limettensaft und Kurkumapulver glatt rühren. Die Mischung auf das Gemüse im Glas geben. Den Ingwer schälen und ebenfalls auf das Gemüse geben. Das Glas gut verschließen und bis zum Verzehr kalt stellen.

3. Kurz vor dem Servieren 350 – 400 ml Wasser in einem Wasserkocher aufkochen, die Hälfte in das Glas gießen. Den Deckel leicht auflegen, aber das Glas nicht verschließen. Die Suppe ca. 5 Min. ziehen lassen. Übriges Wasser kochend heiß dazugießen. Alles durchrühren und servieren. Die Suppe nach Belieben mit etwas Sojasauce, Limettensaft und Koriandergrün würzen.

TIPP Die Suppenbasis lässt sich unendlich variieren. Statt Glasnudeln können Sie auch gegarten Reis, Quinoa oder Couscous dazugeben. Vegetarisch wird es mit gewürfeltem Tofu statt mit Hähnchenfleisch. Auch gegarte Garnelen oder festes Fischfilet wie Kabeljau oder Lachs eignen sich. Dann sollten Sie unbedingt auf eine durchgehend sehr gute Kühlung der Suppenmischung achten, auch beim Transport.

1 rote Paprikaschote
1 kleine Fenchelknolle
100 g kleine Champignons
1 Zweig Thymian
2 ½ EL Olivenöl
1 TL Agavendicksaft
2 EL Weißweinessig
Salz und Pfeffer
110 g weiße Bohnen (aus der Dose)
1 TL geschrotete Leinsamen
1 TL Zitronensaft
25 g Rucola

ANTIPASTI MIT BOHNENDIP

ITALO-HIT

Für 1 Person
25 Min. Zubereitung
Pro Portion ca. 432 kcal,
13 g E, 28 g F, 29 g KH

1. Paprikaschote halbieren, weiße Trennwände und Kerne entfernen, die Hälften waschen und in Streifen schneiden. Fenchel putzen, waschen, halbieren und den Strunk entfernen. Die Hälften in Streifen schneiden. Pilze putzen und halbieren. Thymian waschen und trocken schütteln. 2 EL Olivenöl in einer Pfanne erhitzen. Paprika und Fenchel darin 5 – 6 Min. anbraten. Pilze und Thymian dazugeben und unter Wenden weitere 5 Min. braten. Agavendicksaft einrühren. Essig und 3 – 4 EL Wasser angießen, aufkochen und zugedeckt ca. 5 Min. schmoren lassen. Salzen, pfeffern.

2. Für den Dip die Bohnen abbrausen und abtropfen lassen. ½ EL Öl in einem kleinen Topf erhitzen. Bohnen und Leinsamen darin ca. 2 Min. andünsten. 2 EL Wasser zu den Bohnen gießen und alles fein pürieren. Den Dip mit Salz und Zitronensaft abschmecken. In einen gut schließenden Behälter geben und kalt stellen.

3. Das Gemüse samt der Flüssigkeit in einem gut schließenden Behälter auskühlen lassen und kalt stellen. Den Rucola putzen, waschen, trocken schütteln und getrennt verpacken. Antipasti auf dem Rucola anrichten und mit dem Dip servieren. Dazu passen Vollkorn-Grissini.

1 großer Zucchino
½ rote Paprikaschote
40 g in Öl eingelegte getrocknete Tomaten
2 Stiele Basilikum
½ Bio-Zitrone
¼ Avocado
25 g Pinienkerne
3 Msp. Moringapulver
Salz und Pfeffer
1 Spritzer Agavendicksaft
Pinienkerne und Basilikumblätter zum Bestreuen

COURGETTI MIT TOMATENCREME

ROHKOST

Für 1 Person
25 Min. Zubereitung
Pro Portion ca. 525 kcal,
8 g E, 45 g F, 20 g KH

1. Den Zucchino waschen, putzen und mit einem Spiralschneider in dünne »Spaghetti« schneiden oder mit einem Sparschäler in hauchdünne Tagliatelle hobeln. Die Paprikaschote putzen und waschen, erst längs halbieren und dann quer in sehr schmale Streifen schneiden. Das Gemüse in einem gut schließenden Behälter kalt stellen.

2. Für die Tomatencreme die getrockneten Tomaten auf Küchenpapier entfetten, danach grob hacken. Das Basilikum waschen, trocken schütteln und die Blätter abzupfen. Die Zitrone waschen und trocken reiben, die Schale abreiben und den Saft auspressen.

3. Das Fruchtfleisch der Avocado mit einem Löffel aus der Schale lösen und mit Tomaten, Basilikum, Pinienkernen, Zitronenschale und -saft, 2 EL Wasser und Moringapulver in einen hohen Rührbecher geben. Alles cremig pürieren. Die Creme mit Salz, Pfeffer und etwas Agavendicksaft abschmecken. In ein Schraubglas geben und kalt stellen.

4. Zum Servieren Courgetti und Paprika mischen. Die Tomatencreme darauf geben und mit Pinienkernen und Basilikum garnieren.

KNUSPRIGE SUPER-CRACKER

3 EL Kürbiskerne
3 EL Leinsamen
3 EL Sonnenblumenkerne
8 EL Sesamsamen
4 EL kernige Haferflocken
80 g Weizenvollkornmehl
90 g Buchweizenmehl
1 TL Weinsteinbackpulver
1 ½ TL Salz
2 EL Leinöl

Außerdem:
3 EL gemischte Kerne und
Samen (z. B. Kürbiskerne, Leinsamen, Sonnenblumenkerne)
zum Bestreuen

BRAIN-FOOD

Für 18 Stück
15 Min. Zubereitung
35 Min. Backen
Pro Stück ca. 100 kcal,
3 g E, 6 g F, 8 g KH

1. Backofen auf 170° vorheizen. Ein Backblech (ca. 36 × 42 cm) mit Backpapier auslegen. Alle trockenen Zutaten mischen. Öl und 125 ml Wasser dazugeben und alles mit den Knethaken des Handrührgerätes zu einem relativ festen Teig verrühren. Ist der Teig zu fest, noch etwas Wasser dazugeben.

2. Den Teig auf das Backblech geben, mit einem zweiten Bogen Backpapier belegen und auf dem Blech gleichmäßig flach ausrollen. Das obere Backpapier abziehen und den Teig eventuell noch mit den Fingern bis an den Rand drücken. Vor dem Backen die Teigplatte mit einem Messer quer in drei je ca. 12 cm breite Streifen schneiden. Die Teigplatte längs in ca. 6 cm breite Streifen schneiden, sodass 18 ca. 6 × 12 cm große Rechtecke entstehen.

3. Die gemischten Kerne und Samen auf den Teig streuen und etwas andrücken. Cracker im Ofen (Mitte) ca. 35 Min. backen. Die Cracker herausnehmen, kurz auskühlen lassen, dann an den markierten Stellen vorsichtig in 18 Stücke teilen. Die Cracker vollständig auskühlen lassen und in einer Blechdose verpacken.

MIT HUMMUS EINE GANZE MAHLZEIT
Mit Basilikum-Hummus und Paprikastreifen, Möhrensticks oder Gurkentalern wird daraus eine vollwertige Mahlzeit. Für das Hummus 265 g Kichererbsen (aus der Dose) abgießen, abbrausen und abtropfen lassen. Mit 2 EL geschälten Hanfsamen, 2 EL Leinöl, 3 EL Zitronensaft, 2 TL Tahin (Sesampaste), ¼ TL gemahlenem Kreuzkümmel, 2 EL frisch gehacktem Basilikum und 4 – 5 EL Wasser cremig pürieren. Mit Salz würzen und kalt stellen.

100 g Lachsfilet
je ½ Bio-Zitrone und -Orange
4 Stiele glatte Petersilie
30 g schwarze Oliven ohne Stein
1 TL Kapern
4 Msp. Chlorellapulver (ersatzweise Spirulinapulver)
1 TL Olivenöl
Salz und Pfeffer
30 g Babysalat
1 Vollkorn-Tortilla

LACHS-WRAP MIT OLIVENCREME

ZUM MITNEHMEN

Für 1 Person
20 Min. Zubereitung
Pro Portion ca. 470 kcal,
23 g E, 32 g F, 27 g KH

1. Lachs waschen und trocken tupfen. Zitrone und Orange waschen, trocken reiben und je 2 Scheiben abschneiden. Lachs in wenig kochendes Wasser legen und mit Zitrusscheiben belegen. Je nach Dicke zugedeckt ca. 8 Min. dünsten.

2. Inzwischen für die Olivencreme die Petersilie waschen, trocken schütteln und die Blätter abzupfen. Die Oliven mit Kapern, Petersilie, Algenpulver, Öl und je ½ TL Zitronen- und Orangensaft pürieren. Die Creme mit Salz und Pfeffer würzen. Den Salat waschen und trocken schütteln.

3. Lachs aus dem Topf nehmen, Zitrusscheiben entfernen. Die vorbereiteten Zutaten kalt stellen. Etwa 4 – 5 Std. vor dem Servieren die Tortilla in einer Pfanne ohne Fett pro Seite ca. 1 Min. erwärmen, dann herausnehmen. Die Tortilla mit Creme bestreichen und mit Salat belegen. Den Lachs in die Mitte der Tortilla geben, mit einer Gabel etwas zerpflücken und mit Salz und Pfeffer würzen. Dann zuerst die rechte Seite der Tortilla leicht einschlagen (das ergibt den Boden), anschließend die untere Seite nach oben hin fest einrollen. Den Lachs-Wrap zuerst in Frischhaltefolie, dann in Alufolie wickeln. Den Wrap bis zum Servieren höchstens 4 – 5 Std. in den Kühlschrank stellen.

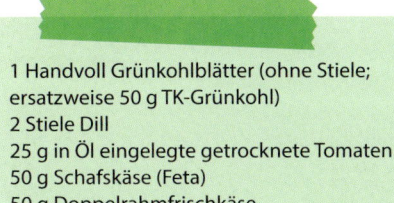

1 Handvoll Grünkohlblätter (ohne Stiele; ersatzweise 50 g TK-Grünkohl)
2 Stiele Dill
25 g in Öl eingelegte getrocknete Tomaten
50 g Schafskäse (Feta)
50 g Doppelrahmfrischkäse
Salz und Pfeffer
2 dünne Scheiben Vollkornbrot
100 g Kirschtomaten

SANDWICH MIT GRÜNKOHLCREME

REICH AN ANTIOXIDANTIEN

Für 1 Person
20 Min. Zubereitung
Pro Portion ca. 515 kcal,
19 g E, 36 g F, 28 g KH

1. Die Grünkohlblätter waschen, in einen Topf mit wenig kochendem Wasser geben und zugedeckt in 5 – 8 Min. weich dünsten.

2. Inzwischen den Dill waschen, trocken schütteln und die Dillspitzen abzupfen. 1 TL Tomatenöl abnehmen und beiseitestellen und die Tomaten auf Küchenpapier entfetten.

3. Den Kohl herausnehmen, kalt abschrecken und abkühlen lassen, dann grob hacken und ausdrücken, etwas Grünkohl beiseitelegen. Alternativ den TK-Kohl auftauen lassen und ausdrücken. Den Schafskäse mit Frischkäse, Kohl, Dill und Tomatenöl fein pürieren. Den Aufstrich mit wenig Salz und Pfeffer würzen.

4. Das Vollkornbrot nach Belieben kurz toasten. 1 Scheibe mit Aufstrich bestreichen und mit dem übrigen Grünkohl belegen. Die zweite Scheibe darauflegen. Das Sandwich in einer Brotdose oder in Alufolie verpacken und bis zum Servieren kalt stellen. Kirschtomaten waschen und mit den getrockneten Tomaten dazu servieren.

SÜßE SNACKS

Für die einen geht etwas Süßes höchstens als ein Nachtisch durch, für andere kann ein süßes Gericht durchaus eine vollwertige Mahlzeit sein. Die Leckereien dieses Kapitels bestehen in jedem Fall aus gesunden, vollwertigen Zutaten – mal eignen sie sich als Mittagessen, mal als Snack zwischendurch.

FRÜHSTÜCKSIDEEN

Das Frühstück ist die wichtigste Mahlzeit des Tages. Viele mögen es süß und fruchtig. Wir beginnen dieses Kapitel daher mit gesunden Körner-Rezepten, die für den perfekten Start in den Tag sorgen: Sie bieten lang anhaltend Energie, hochwertiges Eiweiß, reichlich Ballaststoffe und ein Potpourri an Vitaminen und Mineralstoffen.

Buchweizen-Pancakes mit gerösteten Haselnüssen

Für 4 Personen: 200 g Buchweizenmehl mit ½ TL Backpulver, 1 großen Prise Salz, ¼ TL gemahlener Vanille und 1 Prise Zimtpulver in einer Schüssel vermischen. 2 Eier trennen. Eigelbe und 200 g Buttermilch unter die Mehlmischung rühren. Eiweiße steif schlagen und unterrühren. Aus dem Teig nacheinander 12 kleine Pancakes backen. Dafür in einer beschichteten Pfanne jeweils etwas Öl oder Butterschmalz erhitzen. Für jeden Pancake ca. 1 EL Teig hineingeben und etwa 3 – 4 Min. backen, bis die Unterseite goldbraun ist. Wenden und auf der anderen Seite ebenfalls goldbraun backen. Mit 3 EL gerösteten, gehackten Haselnüssen und nach Belieben mit Ahornsirup sowie frischen Beeren servieren.

Warmer Hirsebrei mit Zimtaprikosen

Für 4 Personen: 800 ml Milch mit 20 g Butter, 1 großen Prise Salz und ½ TL gemahlener Vanille in einem Topf zum Kochen bringen. Unter Rühren 100 – 120 g Hirseflocken hinzufügen und alles bei schwacher Hitze ca. 3 Min. köcheln lassen. Den Hirsebrei mit ca. 2 TL Honig würzen und beiseitestellen. 500 g Aprikosen waschen, halbieren, entsteinen und in Spalten schneiden.

1 Orange halbieren und den Saft auspressen. Den Orangensaft mit ½ TL Zimtpulver und nach Belieben ca. 2 TL Honig verrühren und zu den Aprikosen geben. Die Zimtaprikosen zum noch warmen Hirsebrei servieren.

Schneller Amaranthbrei mit Ahornsirup

Für 4 Personen: 800 ml Milch in einem Topf zum Kochen bringen. 100 g gepufften Amaranth (Amaranthpops) unterrühren und 2 – 3 Min. köcheln lassen, dabei ab und zu umrühren. Amaranthbrei in vier Portionsschälchen füllen und etwas abkühlen lassen. Inzwischen in einer kleinen Pfanne 3 EL Mandelblättchen ohne Fett rösten, dann auf einem Teller abkühlen lassen. 200 g Weintrauben waschen und halbieren. 1 reife Birne waschen, vierteln und das Kerngehäuse entfernen. Die Birnenviertel mundgerecht in Spalten schneiden. Die Fruchtstücke mischen und auf dem Amaranthbrei verteilen. Jede Portion mit 1 TL Ahornsirup beträufeln und mit den Mandelblättchen bestreuen.

Crunchy-Müsli mit Mango

Für 6 Personen: 100 g gemischte Nüsse und Kerne (z. B. Mandeln, Haselnüsse und Kürbiskerne) mit je 50 g gepufftem Amaranth (Amaranthpops), Hirse-, Quinoa- und Buchweizenflocken vermischen. 1 EL Vollrohrzucker mit 4 EL Honig und 2 – 3 EL Sonnenblumenöl in einer großen Pfanne bei mittlerer Hitze erwärmen, bis sich der Zucker aufgelöst hat. Die Flockenmischung unterrühren. Den Backofen auf 150° vorheizen. Ein Backblech mit Backpapier belegen und die Müslimasse locker darauf verteilen. Im Backofen (Mitte, Umluft 140°) ca. 25 Min. backen, dabei ab und zu wenden, damit alles gleichmäßig bräunt. Das Backblech aus dem Ofen nehmen und die Müslimischung darauf abkühlen lassen. Mit Joghurt und Mangowürfeln servieren. Für den Vorrat die doppelte Menge zubereiten und das Müsli luftdicht verschlossen lagern.

½ Vanilleschote
1 Dose Kokosmilch (165 g Inhalt)
150 ml Kokoswasser
50 g japanischer Mochi-Reis
(ersatzweise Milchreis)
1 Prise Salz
1 EL getrocknete Gojibeeren
¼ Mango
1 TL Kokoschips
1 TL geschälte Hanfsamen

KOKOS-MILCHREIS MIT MANGO

VEGANES GLÜCK

Für 1 Person
1 Std. 15 Min. Zubereitung
Pro Portion ca. 565 kcal,
8 g E, 35 g F, 56 g KH

1. Die Vanilleschote längs aufschneiden und das Mark mit einem Messer herauskratzen. Vanillemark und Schote mit Kokosmilch, Kokoswasser, Reis und Salz in einem kleinen Topf verrühren und aufkochen, dann offen bei sehr kleiner Hitze ca. 1 Std. köcheln. Dabei oft umrühren, denn der Reis brennt leicht an. Etwa 15 Min. vor dem Ende der Kochzeit die Gojibeeren dazugeben.

2. Inzwischen die Mango schälen, das Fruchtfleisch erst vom Stein, dann klein schneiden. Die Kokoschips und Hanfsamen in einer Pfanne ohne Fett kurz anrösten, dann herausnehmen, abkühlen lassen und in einen kleinen Behälter füllen.

3. Den Milchreis in ein großes Schraubglas oder einen anderen Behälter geben und abkühlen lassen. Die Mango daraufgeben, verschließen und bis zum Verzehr kalt stellen. Den Milchreis vor dem Servieren mit der Kokos-Hanf-Mischung bestreuen.

½ Vanilleschote
2 EL Chiasamen
125 ml ungesüßter Mandeldrink
1 TL Ahornsirup
1 Apfel
25 g getrocknete Cranberrys
1 Msp. Zimtpulver
1 TL Mandelstifte

CHIAPUDDING MIT KOMPOTT

HERBST-HIT

Für 1 Person
25 Min. Zubereitung
4 Std. Kühlen
Pro Portion ca. 300 kcal,
6 g E, 12 g F, 37 g KH

1. Vanilleschote längs aufschneiden und das Mark herauskratzen. Mit Chiasamen, Mandeldrink und Ahornsirup in ein Schraubglas (ca. 300 ml Inhalt) geben und verrühren. Die Mischung ca. 15 Min. quellen lassen, dann einmal durchrühren. Das Glas verschließen und mindestens 4 Std. kalt stellen.

2. Inzwischen für das Kompott den Apfel schälen und vierteln, die Apfelviertel entkernen und in kleine Würfel schneiden. Mit den Cranberrys und 1 – 2 EL Wasser in einen kleinen Topf geben. Alles kurz aufkochen und zugedeckt bei kleiner Hitze ca. 5 Min. köcheln lassen, dabei ab und zu umrühren und eventuell noch etwas Wasser dazugeben. Das Kompott mit dem Zimtpulver abschmecken und abgedeckt kalt stellen.

3. Die Mandelstifte in einer Pfanne ohne Fett goldbraun rösten, dann herausnehmen und abkühlen lassen. Das Kompott auf den Chiapudding geben und mit den Mandeln bestreuen. Das Glas gut verschließen und den Chiapudding bis zum Verzehr in den Kühlschrank stellen.

Für 6 Portionen • 15 Min. Zubereitungszeit
Pro Portion ca. 225 kcal, 11 g E, 7 g F, 28 g KH

Für ca. 20 Stück • 15 Min. Zubereitungszeit
Pro Stück ca. 70 kcal, 2 g E, 5 g F, 4 g KH

SCHOKO-HUMMUS

MOCHA-BLISSBALLS

1 Dose Kichererbsen • 5 Datteln
30 g Kakaopulver • 4 TL Ahornsirup •
2 EL ungesüßtes Erdnussmus • Mark von
½ Vanilleschote • Zimtpulver • Salz •
400 g frisches Obst zum Dippen

85 g gemahlene Mandeln • 1 EL Kakaopulver
• 3 EL Lupinenmehl • 10 Datteln • 90 ml kalter
Espresso • ca. 60 g Kokosraspel

1. Die Kichererbsen abgießen, kalt abspülen und abtropfen lassen. Die Datteln entsteinen und grob hacken. Beides mit dem Kakao, dem Ahornsirup, dem Erdnussmus, Vanille, jeweils 1 Prise Zimt und Salz und 60 ml Wasser in einen Mixer geben und zu einer geschmeidigen Masse pürieren. Dabei nach Bedarf noch etwas Wasser untermixen.

2. Schoko-Hummus in einer Schüssel anrichten. Die Früchte je nach Sorte vorbereiten und in mundgerechte Stücke schneiden. Zum Dippen zum Hummus servieren.

1. Alle trockenen Zutaten in einer Schüssel mischen. Die Datteln entsteinen, grob würfeln und mit dem Espresso fein pürieren. Die Dattel-Espressomasse zu den trockenen Zutaten geben und alles zu einer glatten Masse verkneten.

2. Aus der Masse mit leicht angefeuchteten Händen walnussgroße Bällchen rollen. Die Kokosraspel in einen tiefen Teller füllen und die Blissballs darin wälzen. Mocha-Blissballs in eine dicht schließende Dose schichten. Im Kühlschrank bleiben sie ca. 1 Woche frisch.

Für ca. 50 Stück • 30 Min. Zubereitungszeit • 1 Std. 50 Min. Backzeit • 1 Std. Trockenzeit • Pro Stück ca. 21 kcal, 5 g KH

Für ca. 28 Stück • 25 Min. Zubereitungszeit Pro Stück ca. 110 kcal, 3 g E, 6 g F, 11 g KH

AQUAFABA-BAISER

KICHER-FUDGE

50 g Himbeeren • 150 ml Kichererbsenflüssigkeit (aus 1 Dose Kichererbsen) • 250 g Zucker • Spritzbeutel mit Sterntülle

125 g Kokosöl • 250 g Kichererbsenmehl • ¼ TL gemahlener Kardamom • Mark von ½ Vanilleschote • 300 g gesüßte Kondensmilch • ca. 14 Pistazienkerne zum Verzieren

1. Den Backofen auf 90° Umluft vorheizen. Die Himbeeren pürieren und durch ein feines Sieb streichen. Die Kichererbsenflüssigkeit ca. 5 Min. sehr steif schlagen. Zum Schluss den Zucker einrieseln lassen. Weiterschlagen, bis er sich gelöst hat. Das Himbeerpüree kurz unterrühren.

2. Die Masse in einen Spritzbeutel mit Sterntülle füllen und ca. 50 Baisers auf 2 – 3 mit Backpapier belegte Backbleche spritzen. 90 – 110 Min. backen. Ofen ausschalten, Tür einen Spalt öffnen und die Baisers im Ofen 1 Std. trocknen und dann auskühlen lassen.

1. Das Kokosöl in einer Pfanne schmelzen. Das Kichererbsenmehl zugeben und unter ständigem Rühren ca. 10 Min. rösten, bis es duftet. Es sollte nicht zu dunkel werden. Kardamom und Vanillemark einrühren.

2. Die Kondensmilch einrühren, bis sich alles zu einer geschmeidigen Masse verbunden hat. Die Masse in eine kleine Auflaufform (ca. 12 × 21 cm) geben und mit einem Löffel gleichmäßig flach drücken. Abkühlen lassen. Das Fudge in ca. 3 × 3 cm große Quadrate schneiden. Die Pistazienkerne halbieren und in die Quadrate drücken.

ORANGEN-PISTAZIEN-CUPCAKES

Für das Frosting:
200 g Cashewkerne
3 EL Ahornsirup
2 – 3 TL Zitronensaft
1 Prise Salz
2 EL gehackte Pistazien

Für die Cupcakes:
1 Dose Cannellini-Bohnen
(225 g Abtropfgewicht)
2 Bio-Orangen
50 g Pistazien
(ersatzweise Mandeln)
125 g Mehl
½ Päckchen Backpulver
Salz
100 g Zucker
2 Eier
Mark von 1 Vanilleschote

Außerdem:
12er-Muffinform
12 Papierförmchen

EXTRA-BALLASTSTOFFE

Für 12 Stück
30 Min. Zubereitungszeit
4 Std. Einweichzeit
20 Min. Backzeit
Pro Stück ca. 240 kcal,
8 g E, 12 g F, 26 g KH

1. Für das Frosting die Cashewkerne mit Wasser bedecken und mindestens 4 Std., besser über Nacht, einweichen lassen.

2. Den Backofen auf 175° vorheizen. Eine Muffinform mit Papierförmchen auslegen. Die Bohnen abgießen, kalt abspülen, gut abtropfen lassen und anschließend fein pürieren. Die Orangen heiß waschen, trocken reiben und die Schale fein abreiben. Die Orangen halbieren und auspressen. 125 ml Saft abmessen. Einige Pistazien beiseitelegen, die übrigen im Blitzhacker fein mahlen. Das Mehl mit Pistazien, Backpulver und 1 Prise Salz mischen.

3. Den Zucker mit den Eiern und dem Vanillemark in eine Schüssel geben und mit den Rührbesen des Handrührgeräts ca. 5 Min. dick-cremig aufschlagen. Das Bohnenpüree zugeben und unterrühren. Die Mehlmischung im Wechsel mit 125 ml Orangensaft kurz unterrühren, bis alles gerade eben verbunden ist. Den Teig auf die Mulden verteilen. Im heißen Ofen (Mitte) ca. 20 Min. backen. Kurz abkühlen lassen, aus den Mulden lösen und auf einem Kuchengitter auskühlen lassen.

4. Für das Frosting die eingeweichten Cashewkerne abgießen. Mit den übrigen Zutaten in einen Mixer geben und fein pürieren. Abgeriebene Orangenschale unterrühren. Das Frosting vor dem Servieren auf die Cupcakes streichen. Mit Pistazien verzieren.

TIPP Keine Zeit zum Einweichen der Cashewkerne? Dann kochen Sie sie mit Wasser auf und lassen Sie sie ca. 10 Min. köcheln. Anschließend abgießen und pürieren.

OVERNIGHT-OATS

Für die Overnight-Oats:
100 ml Milch
75 g Joghurt
1 EL Lucumapulver
2 TL Ahornsirup
40 g kernige Haferflocken

Für das Topping:
2 EL Granatapfelkerne
1 TL rohe Kakaonibs

SUPER EASY

Für 1 Person
15 Min. Zubereitung
über Nacht Kühlen
Pro Portion ca. 390 kcal,
12 g E, 11 g F, 55 g KH

1. Die Milch mit dem Joghurt, Lucumapulver und Ahornsirup in eine Schüssel geben und alles mit dem Schneebesen glatt rühren. Die Haferflocken dazugeben und unterrühren. Die Haferflocken-Mischung in ein Schraubglas (ca. 300 ml Inhalt) geben, das Glas gut verschließen und mindestens 4 Std. (am besten über Nacht) in den Kühlschrank stellen.

2. Für das Topping die Granatapfelkerne mit den Kakaonibs mischen. Nach dem Quellen die Haferflocken-Mischung im Glas noch einmal durchrühren. Das Topping daraufgeben. Das Glas verschließen und bis zum Verzehr kühl aufbewahren.

TIPP Die Vollkornflocken lassen mit Ballaststoffen und langsam verdaulichen Kohlenhydraten den Blutzuckerspiegel nur langsam ansteigen und halten lange satt. Ihre Inhaltsstoffe, B-Vitamine, Magnesium, Zink und Eisen, stärken zudem die Nerven und machen fit. Das Topping aus Obst und Nüssen oder Samen steuert dann noch Vitamin C, Antioxidantien und ein bisschen gesundes Fett bei. Besser als mit dieser Power-Mischung kann man kaum in den Tag starten.

BEEREN-KOKOS-CHEESECAKE IM GLAS

Für die Creme:
25 g Cashewnüsse
100 g Erdbeeren (frisch oder tiefgekühlt)
50 g Heidelbeeren
50 g Kokosmus (Bioladen)
1 EL Agavendicksaft
1 EL Zitronensaft

Für den Boden:
30 g Datteln ohne Stein
(z. B. Medjool-Datteln)
2 EL Kokosraspel
1 ½ EL geschälte Hanfsamen

ROHER GENUSS

Für 2 Stück
20 Min. Zubereitung
24 Std. Einweichen
2 Std. Kühlen
Pro Stück ca. 430 kcal,
5 g E, 33 g F, 27 g KH

1. Für die Creme die Cashewnüsse in einer kleinen Schüssel mit Wasser bedecken und 12 – 24 Std. einweichen.

2. Für den Boden die Datteln grob hacken. Mit Kokosraspeln und Hanfsamen in einen Blitzhacker geben und zu einer klebrigen Masse verarbeiten. Jeweils die Hälfte der Masse in ein Schraubglas mit weiter Öffnung (à ca. 250 ml Inhalt) geben und mit einem Löffel zu einem Boden andrücken.

3. Für die Creme die Cashewnüsse abgießen und abtropfen lassen. Die Beeren waschen. Die Erdbeeren putzen und halbieren. Die Heidelbeeren verlesen und trocken tupfen. Cashewnüsse mit Erdbeeren, Kokosmus, Agavendicksaft und Zitronensaft in einen Mixer geben und fein pürieren. Die Creme gleichmäßig auf den Dattelboden füllen. Die Heidelbeeren auf der Creme verteilen.

4. Die Gläser verschließen und die Cheesecakes mindestens 2 Std. kalt stellen. Im Kühlschrank hält sich der Cheesecake ca. 3 Tage. Der Kuchen lässt sich auch im Glas einfrieren und bleibt ca. 3 Monate frisch. Tiefgekühlten Kuchen vor dem Servieren bei Zimmertemperatur auftauen lassen.

TIPP Probieren Sie die Creme auch mal mit frischer oder tiefgekühlter Mango statt mit Erdbeeren. Sie schmeckt köstlich und liefert eine satte Portion zellschützende Karotinoide.

IMPRESSUM

© **2020 GRÄFE UND UNZER VERLAG GmbH,**
Grillparzerstraße 12
81675 München
Genehmigte Sonderausgabe
Alle Rechte vorbehalten.

Nachdruck, auch auszugsweise, sowie Verbreitung durch Bild, Funk, Fernsehen und Internet, durch fotomechanische Wiedergabe, Tonträger und Datenverarbeitungssysteme jeder Art nur mit schriftlicher Genehmigung des Verlages.

Satz, Lektorat & Herstellung:
bookwise GmbH, München

Covergestaltung:
ki 36, Sabine Krohberger

Bildnachweis:
Umschlag vorn: StockFood / The Picture Pantry;
Umschlag hinten: li. Miquel Llonch / Stocksy
United; re. Wolfgang Schardt;
Innen: Coco Lang: S. 6-27;
Wolfgang Schardt: S. 28-43, 77, 83, 85;
Anke Schütz: S. 4, 7, 44-75, 78-82, 86-91

Druck und Bindung:
Aumüller Druck GmbH & Co. KG in Regensburg

FSC
www.fsc.org
MIX
Papier aus verantwortungsvollen Quellen
FSC® C017373

SAFTIGE KIRSCH-BROWNIES

150 g Zartbitter-Schokolade
125 g Butter
1 Dose schwarze Bohnen
(265 g Abtropfgewicht)
50 g gemahlene Haselnüsse
2 EL Kakaopulver
½ TL Backpulver
3 Eier
125 g brauner Zucker
Salz
250 g entsteinte Kirschen
(frisch oder TK)
50 g weiße Kuvertüre
Fett und gemahlene Haselnüsse
für die Form

GLUTENFREI

Für 1 quadratische Springform
(24 × 24 cm; 16 Stück)
20 Min. Zubereitungszeit
40 Min. Backzeit
Pro Stück ca. 240 kcal,
4 g E, 17 g F, 18 g KH

1. Den Backofen auf 175° vorheizen. Eine quadratische Spring-form fetten und mit Haselnüssen ausstreuen. Die dunkle Schokolade hacken und zusammen mit der Butter in einer Schüssel über einem Wasserbad schmelzen. Vom Wasserbad nehmen und etwas abkühlen lassen.

2. Die Bohnen in ein Sieb abgießen, kalt abspülen und gut abtropfen lassen. In einen hohen Rührbecher oder Mixer geben und fein pürieren. Die Haselnüsse mit dem Kakao und dem Backpulver mischen. Die Eier mit dem Zucker und 1 Prise Salz mit den Rührbesen des Handrührgeräts ca. 5 Min. dick-cremig aufschlagen. Die Schokomasse langsam einlaufen lassen und unterrühren. Dann das Bohnenpüree unterrühren. Den Nuss-Mix zugeben und kurz unterrühren, bis alles gerade eben verbunden ist.

3. Den Teig in die vorbereitete Form geben. Die Kirschen auf dem Teig verteilen und leicht eindrücken. Die Brownies im heißen Ofen (Mitte) 30 – 40 Min. backen, sodass sie in der Mitte noch leicht feucht sind. In der Form auf einem Kuchen-gitter auskühlen lassen. Die weiße Kuvertüre grob hacken und über einem Wasserbad schmelzen. Mithilfe eines Tee-löffels in Streifen über die Brownies ziehen. Trocknen lassen.

Damit Sie Rezepte mit bestimmten Zutaten noch schneller finden, sind in diesem Register auch beliebte Zutaten wie **Bohnen** oder **Linsen** alphabetisch eingeordnet und hervorgehoben. Darunter finden Sie das Rezept Ihrer Wahl.

APPETIT AUF MEHR?

ISBN 978-3-8338-4036-4

ISBN 978-3-8338-4805-6

ISBN 978-3-8338-5022-6

ISBN 978-3-8338-4468-3

ISBN 978-3-8338-6461-2

ISBN 978-3-8338-6159-8

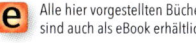 Alle hier vorgestellten Bücher sind auch als eBook erhältlich.

Mehr von GU auf **www.gu.de** und f **facebook.com/gu.verlag**

IMPRESSUM

© 2020 GRÄFE UND UNZER VERLAG GmbH,
Grillparzerstraße 12
81675 München
Genehmigte Sonderausgabe
Alle Rechte vorbehalten.

Nachdruck, auch auszugsweise, sowie Verbreitung durch Bild, Funk, Fernsehen und Internet, durch fotomechanische Wiedergabe, Tonträger und Datenverarbeitungssysteme jeder Art nur mit schriftlicher Genehmigung des Verlages.

Satz, Lektorat & Herstellung:
bookwise GmbH, München

Covergestaltung:
ki 36, Sabine Krohberger

Bildnachweis:
Umschlag vorn: StockFood / The Picture Pantry;
Umschlag hinten: li. Miquel Llonch / Stocksy
United; re. Wolfgang Schardt;
Innen: Coco Lang: S. 6-27;
Wolfgang Schardt: S. 28-43, 77, 83, 85;
Anke Schütz: S. 4, 7, 44-75, 78-82, 86-91

Druck und Bindung:
Aumüller Druck GmbH & Co. KG in Regensburg